趙爾巽等撰

清史稿

第二九册

卷二一一至卷二一三(表)

中華書局

清史稿卷二百十一

表五十一

藩部世表三

	阿拉善厄
初封	和囉哩元太
一次襲	阿寶和囉哩第
二次襲	羅卜藏多
三次襲	旺沁班巴
四次襲	瑪哈巴拉
五次襲	囊都布蘇
六次襲	貢桑珠爾
七次襲	多羅特色
八次襲	塔旺布魯
九次襲	
十次襲	
十一次襲	
十二次襲	
十三次襲	
十四次襲	
十五次襲	
十六次襲	

魯特部扎薩克和碩親王。

祖弟哈巴圖哈薩爾之裔。康熙三十六年，封扎薩克多羅貝勒。四十六年，卒。

三子。康熙四十八年，襲扎薩克多羅貝勒。雍正元年，晉多羅郡王。七年，以罪降貝勒。

爾濟阿寶次子。乾隆四年，襲扎薩克多羅貝勒。二十二年，晉多羅郡王。三十年，

爾羅卜藏多爾濟長子。初授公品級一等台吉。乾隆四十八年，襲扎薩克和碩親

旺沁班巴爾弟。嘉慶九年，襲。道光十二年，卒。

隆瑪哈巴拉子。道光十二年，襲。二十四年，卒。

默特囊都布蘇隆子。道光二十四年，襲。

楞貢桑珠爾默特子。光緒二年，襲。

克札勒多羅特色楞子。宣統二年，襲。

阿拉善厄魯	
袞布 郡王阿寶長子。	
拉爾濟旺舒	九年，復郡王爵。乾隆四年，卒。
索諾木多爾	晉和碩親王。四十七年，詔世襲罔替。四十八年，卒。
烏爾圖納遜	王。四十九年，賜其弟瑪哈巴拉公品級。嘉慶九年，卒。
莽噶拉烏爾圖納	
德勒格爾布	
沙都爾扎布	
普勒忠呢什	

特部鎮國公。

雍正九年，封輔國公。十年，晉固山貝子。乾隆二年，卒。

克郡王阿寶第三子。乾隆二年，襲固山貝子。六年，卒。

濟拉爾濟旺舒克再從弟。乾隆六年，降襲鎮國公。三十年，卒。

索諾木多爾濟長子。乾隆三十年，襲鎮國公。四十七年，詔世襲罔替。嘉慶元年，卒。

遜子。嘉慶二年，襲。十九年，卒。

彥莽噶拉子。嘉慶十九年，襲。

德勒格爾布彥子。咸豐五年，襲。光緒二十九年五月，病免。

爾光緒三十年正月，襲。

阿拉善厄魯特部	鎮國公。
玉木楚木	貝勒和囉哩次子。康熙三十七年，封輔國公。五十二年，卒。
羅卜藏達爾濟	玉木楚木次子。康熙五十三年，襲輔國公。尋晉
沙畢多爾濟	玉木楚木長子。康熙六十年，襲鎮國公。雍正元年，晉
袞楚克	沙畢多爾濟從弟。乾隆二年，襲輔國公。二十四年，晉鎮國公。三
多爾濟色布騰	袞楚克次子。乾隆三十二年，襲鎮國公。四十七
普爾布	多爾濟色布騰子。道光三年，襲。
薩達布多爾濟	普爾布子。咸豐二年，襲。
阿育爾扎那	薩達布多爾濟弟。同治四年，襲。光緒二十年正月，加
勒旺諾爾布	光緒二十二年，襲。

青海厄魯特部扎薩克多羅郡	
察罕丹津和碩特族，元太祖弟哈巴	
旺舒克察罕丹津之孫。雍正十三年，襲	鎭國公。五十九年，卒。
旺丹多爾濟帕拉木旺舒	固山貝子。乾隆二年，卒。
納罕達爾濟旺舒克從子。初襲其	十二年，卒。
達什忠鼐納罕達爾濟子。嘉慶十三	年，詔世襲罔替。道光三年，卒。
達錫旺扎勒達什忠鼐子。道光十	
春津達錫旺扎勒子。道光三十年，襲。	
巴勒珠爾喇布坦春津族姪。	貝子銜。

王。
圖哈薩爾裔，青海顧實汗之曾孫。康熙四十年，封多羅貝勒。五十七年，晉多羅郡王。
扎薩克和碩親王。乾隆十四年，卒。
克子。乾隆十四年，襲扎薩克和碩親王。三十六年，卒。
父台吉旺舒克喇布坦所遺扎薩克。見扎薩克台吉表。乾隆三十六年，襲扎薩克多
年，襲。道光十三年，卒。
三年，襲。三十年，卒。
光緒十三年，襲。

青海厄魯特	
策旺喇布坦	雍正元年，晉和碩親王。三年，授扎薩克。十三年，卒。
額爾克巴勒	
朋素克旺扎	
袞楚克達什	羅郡王。四十七年，詔世襲罔替。嘉慶十三年，卒。
索諾木多爾	
車林端多布	
烏爾津扎布	
阿育爾什迪	
斡克濟爾噶	

部	扎薩克多羅郡王。
碩和	特族，親王察罕丹津從叔。康熙四十二年，封多羅郡王。四十四年，卒。
珠	爾策旺喇布坦次子。康熙四十四年，襲多羅郡王。四十五年，自戕死。
勒	額爾克巴勒珠爾長子。康熙四十六年，降襲多羅貝勒。雍正三年，授扎薩克。四
朋素	克旺扎勒長子。雍正十三年，襲扎薩克多羅郡王。乾隆四十二年，以病罷。
濟	袞楚克達什次子。乾隆四十二年，襲扎薩克多羅郡王。四十七年，詔世襲罔替。
索諾	木多爾濟子。嘉慶十三年，襲。咸豐四年，卒。
車林	端多布子。咸豐四年，襲。
烏爾	津扎布子。同治四年，襲。
勒	阿育爾什迪族兄。光緒十一年，襲。

青海厄魯特部	扎薩克多羅貝勒。	
色布騰扎勒	準噶爾族，台吉額特魯特	
車凌喇布坦	色布騰扎勒長子。雍正九	
索諾木多爾濟	車凌喇布坦長子。乾	年，晉多羅郡王。十三年，卒。
色布騰多爾濟	索諾木多爾濟從弟。	
車木伯勒	色布騰多爾濟從祖。乾隆三十	五十六年，賜親王品級。
吹忠扎布	車木伯勒長子。乾隆三十九年，	
德哩巴勒珠爾	吹忠扎布長子。乾隆	
那木扎勒丹巴	德哩巴勒珠爾子。道	
拉旺多爾濟	那木扎勒丹巴子。咸豐五	
林沁旺扎勒	光緒二十三年六月，襲。	

達爾漢諾顏之九世孫。康熙四十二年，封多羅貝勒。雍正二年，晉多羅郡王。三年，授
年，襲扎薩克多羅郡王。乾隆十三年，卒。
隆十三年，襲扎薩克多羅郡王。二十三年，卒。
乾隆二十三年，襲扎薩克多羅郡王。三十年，卒。
年，降襲扎薩克多羅貝勒。三十九年，卒。
襲扎薩克多羅貝勒。四十七年，詔世襲罔替。五十三年，卒。
五十三年，襲扎薩克多羅貝勒。道光十八年，卒。
光十八年，襲。咸豐五年，病免。
年，襲。光緒二十二年二月，加郡王銜。十一月，卒。

青海厄魯特部扎薩克多羅郡王。	
衮布　和碩特族，親王察罕丹津從叔父。康熙四十三年，封	扎薩克。九年，卒。
額爾德尼額爾克托克托鼐　衮布	
索諾木丹津　額爾德尼額爾克托克托鼐第三子。	
衮楚克敦多布納木扎勒　索諾木丹	
剛噶爾　衮楚克敦多布納木扎勒長子。乾隆四十年，襲	
伊什達爾濟　剛噶爾叔父。嘉慶三年，襲。十年，卒。	
沙克都爾雅　伊什達爾濟族弟。嘉慶十一年，襲。道	
棍楚克濟莫特　沙克都爾雅子。道光三年，襲。	
濟克莫特那木濟勒多爾濟　棍楚	
棍布喇布坦　濟克莫特那木濟勒多爾濟子。光緒	
棟闊林沁　棍布喇布坦子。光緒二十九年二月，襲。	

多羅貝勒。四十四年，卒。
長子。康熙四十四年，襲多羅貝勒。雍正元年，晉多羅郡王。三年，授扎薩克。乾隆十四
雍正九年，封貝子。乾隆十四年，襲扎薩克多羅郡王。三十六年，卒。
津孫。乾隆三十六年，襲扎薩克多羅郡王。四十年，卒。
扎薩克多羅郡王。四十七年，詔世襲罔替。嘉慶二年，卒。
光三年，病免。
克濟莫特子。咸豐六年，襲。
五年，襲。二十八年，卒。

青海厄魯特部扎薩克多羅貝勒。	
達顏和碩特族，郡王策旺喇布坦從子。康熙五十五年，封多羅貝勒。	
旺舒克喇布坦達顏子。康熙五十八年，襲多羅貝勒。六十	年，卒。
達什車凌達顏從子。康熙六十一年，降襲固山貝子。雍正二年，	
丹巴車凌達什車凌長子。乾隆二十二年，襲扎薩克多羅貝勒。	
濟克默特伊什丹巴車凌長子。乾隆三十九年，襲扎薩克	
扎木巴勒多爾濟濟克默特伊什長子。嘉慶十三年，襲。	
那木喀旺扎勒扎木巴勒多爾濟子。道光四年，襲。十四年，	
車棱諾爾布那木喀旺扎勒子。道光十四年，襲。十九年，卒。	
羅布桑占巴車棱諾爾布叔。道光十九年，襲。咸豐五年，卒。	
岡占綽克都布羅布桑占巴子。咸豐五年，襲。光緒十五年，	
車林端多布光緒十五年十二月，襲。	

青海厄	
納木扎	五十七年，卒。
羅卜藏	一年，卒。
多爾濟	晉多羅貝勒，詔世襲罔替。三年，授扎薩克。乾隆二十二年，卒。
恭桑車	三十九年，卒。
旺舒克	多羅貝勒。四十七年，詔世襲罔替。嘉慶十三年，病免。
達爾瑪	道光四年，卒。
永隆達爾	卒。
丹津綽	
沙克都	
伯綳楚	卒。
察木多	

魯特部	扎薩克一等台吉。
勒	和碩特族，親王察罕丹津從弟。康熙三十七年，封多羅貝勒。四十九年，卒。
察罕	納木扎勒次子。康熙五十年，襲多羅貝勒。雍正二年，以罪削。三年，授扎薩
色布騰	羅卜藏察罕長子。乾隆七年，降襲扎薩克一等台吉。二十六年，卒。
凌	多爾濟色布騰長子。乾隆二十六年，襲扎薩克一等台吉。四十七年，詔世襲罔
恭桑	車凌嗣子。乾隆五十四年，襲扎薩克一等台吉。
什哩	旺舒克子。道光九年，襲。咸豐五年，卒。
瑪什哩	叔。咸豐五年，襲。
克都布	永隆子。同治十二年，襲。
爾扎布	丹津綽克都布子。光緒五年，襲。
克沙克都爾	扎布子。光緒九年，襲。
爾濟勒噶朗	光緒二十八年，襲。宣統二年，卒。

青海厄魯特部扎薩	
車凌敦多布和碩特族，	
丹巴車凌敦多布再從叔父。雍	克一等台吉。六年，晉輔國公。乾隆七年，卒。
沙克都爾扎布丹巴	
車爾登多爾濟沙克	替。五十四年，卒。
喇特納錫第車爾登多	
伊達木林沁喇特納錫	
吹木丕勒諾爾布	

克固山貝子。

親王察罕丹津從弟。雍正元年，封多羅貝勒。二年，以罪降。

正三年，襲固山貝子，授扎薩克。乾隆十七年，卒。

長子。乾隆十七年，襲扎薩克固山貝子。四十七年，詔世襲罔替。四十八年，卒。

都爾扎布次子。乾隆四十八年，襲扎薩克固山貝子。五十三年，更名車爾登多爾濟。

爾濟子。嘉慶二十年，襲。道光二十三年，卒。

第子。道光二十三年，襲。

伊達木林沁長子。光緒十年，襲。二十二年三月，加貝勒銜。

青海厄魯特部扎薩克輔國公。	
索諾木達什和碩特族，鎮國公噶勒丹達什	
諾爾布朋素克索諾木達什次子。康熙五	
達什巴勒珠爾諾爾布朋素克嗣子。雍正	
車凌達什巴勒珠爾再從叔父。雍正八年，襲扎薩克	嘉慶二十年，病免。
達什扎布車凌第三子。乾隆九年，襲扎薩克輔	
根敦端多布達什扎布長子。乾隆三十一年，	
伊什達爾濟根敦端多布長子。嘉慶元年，襲。	
珠爾默特圖布伊什達爾濟子。道光八年，	
吹達爾珠爾默特圖布子。道光十八年，襲。	
棍楚克拉遜多布吹達爾子。同治十二	

青海厄魯	
羅卜藏色	從祖。康熙五十年，封輔國公。五十一年，卒。
	十二年，襲輔國公。雍正三年，授扎薩克。四年，卒。
	五年，授扎薩克輔國公。七年，卒。
	輔國公。乾隆九年，卒。
	國公。三十一年，卒。
	襲扎薩克輔國公。四十七年，詔世襲罔替。嘉慶元年，卒。
	道光八年，卒。
	襲。十八年，卒。
	年，襲。光緒三十三年，卒。

特布部

固山貝子。

布騰

貝子莽鼐長子。初襲父扎薩克。見扎薩克表。乾隆三十一年，以罪削，改授

青海厄	
羅卜藏	閒散貝子爵。四十七年，詔世襲罔替。五十六年，賜貝勒品級。
濟克濟	
車凌多	
達克巴	
諾爾布	
濟克莫	
索諾木	
喇木棍	
喇木貢	
烏勒哲	
棍布扎	

魯特部扎薩克一等台吉。

達爾扎和碩特族，貝勒納木扎勒從弟。康熙五十年，封固山貝子。六十一年，

扎布羅卜藏達爾扎長子。康熙六十一年，降襲輔國公。雍正二年，以罪削。三年，

爾濟濟克濟扎布長子。乾隆二十年，襲扎薩克一等台吉。二十八年，卒。

納木扎勒車淩多爾濟長子。乾隆二十九年，襲扎薩克一等台吉。四十四

璘沁達克巴納木扎勒長子。乾隆四十四年，襲扎薩克一等台吉。四十七年，詔

特諾爾布璘沁長子。嘉慶九年，襲。二十五年，卒。

旺濟勒濟克莫特叔祖。嘉慶二十五年，襲。道光九年，病免。

策勒謙索諾木旺濟勒子。道光九年，襲。十三年，卒。

策喇克扎勒喇木棍策勒謙弟。道光十三年，襲。

依巴圖喇木貢策喇克扎勒子。咸豐十年，襲。

布光緒二十年，襲。

卒。
授扎薩克一等台吉。乾隆二十年，卒。
年，卒。
世襲罔替。嘉慶九年，卒。

青海厄魯特部	扎薩克輔
噶勒丹達什	和碩特族，親王
丹津納木扎勒	噶勒丹達
索諾木巴勒濟	噶勒丹達
索諾木多爾濟	索諾木巴
喇特納錫第	索諾木多爾濟
察哈巴克	喇特納錫第子。道光
羅布桑端多布	察哈巴克
耀布塔爾	光緒三十二年六月，

國公。

察罕丹津從弟。康熙五十年，封輔國公。雍正元年，晉鎮國公。三年，授扎薩克。乾隆四

什次子。乾隆四年，襲扎薩克鎮國公。十三年，卒。

什第三子。乾隆十三年，襲扎薩克鎮國公。尋卒。

勒濟從子。乾隆十三年，降襲扎薩克輔國公。四十七年，詔世襲罔替。五十四年，卒。

之弟。乾隆五十四年，襲扎薩克輔國公。道光三年，卒。

三年，襲。

子。同治七年，襲。

襲。

青海厄魯特部扎薩克固山貝子。	
阿喇布坦準噶爾族，郡王色布騰扎勒從子。康熙五十五年，封	年，卒。
納木扎勒車凌阿喇布坦長子。乾隆四年，襲扎薩克輔國	
齊默特丹巴納木扎勒車凌長子。乾隆三十五年，襲扎薩克	
拉特納西第齊默特丹巴子。嘉慶十三年，襲。	
索諾木丕勒齋拉特納西第子。道光十八年，襲。	
棍楚克旺丹忠索諾木丕勒齋子。同治十一年，襲。光緒二	
訥木希哩光緒二十一年，襲。二十二年，陣亡。	
德濟特巴勒珠光緒二十二年，襲。二十五年二月，卒。	
多普濟光緒二十五年十二月，襲。二十九年，卒。	
達什哪木濟勒光緒二十九年八月，襲。	

青海厄	
索諾木	公品級一等台吉，授扎薩克。雍正三年，晉輔國公。乾隆四年，卒。
噶勒丹	公。十五年，晉固山貝子。三十五年，卒。
莽鼐索諾	固山貝子。四十七年，詔世襲罔替。嘉慶十三年，卒。
羅卜藏	
巴勒濟	
拉扎布	十年正月，加貝勒銜。
羅卜藏	
旺沁丹	
格勒克	
棍布車	
那木當	

魯特部 扎薩克一等台吉。

達什 和碩特族，親王察罕丹津從弟。雍正元年，封固山貝子。三年，授扎薩克。乾

旺扎勒 索諾木達什次子。乾隆十四年，襲扎薩克固山貝子。十五年，卒。

木達什第三子。乾隆十五年，襲扎薩克固山貝子。十八年，卒。

色布騰 莽鼐長子。乾隆十八年，襲扎薩克固山貝子。三十一年，以罪削扎薩

特 莽鼐第四子。乾隆三十一年，襲扎薩克，授一等台吉。四十七年，詔世襲罔替。四

巴勒濟特長子。乾隆四十九年，襲扎薩克一等台吉。五十六年，卒。

色布騰 巴勒濟特長兄。乾隆五十六年，仍襲扎薩克一等台吉，賜貝勒品級，

津 羅卜藏色布騰長子。嘉慶三年，襲扎薩克固山貝子。十五年，卒。

那木扎勒 旺沁丹津長子。嘉慶十六年，襲。咸豐三年，卒。

布坦 格勒克那木扎勒子。咸豐三年，襲。

吹布爾 光緒十九年，襲。

隆十四年，卒。
克。
十九年，卒。
兼襲貝子。嘉慶三年，卒。

青海厄魯特部	扎薩克輔國公。
車凌	和碩特族，鎮國公噶勒丹達什從叔父。康
色布騰達什	車凌長子。雍正七年，襲扎
袞楚克扎布	車凌次子。乾隆四年，襲扎
吹忠扎布	袞楚克扎布長子。乾隆十八年，
格楞喇布齋	吹忠扎布長子。嘉慶元年，
達瑪琳扎布	格楞喇布齋子。道光九年，
多爾濟色布登	達瑪琳扎布子。道光
濟克什扎布	多爾濟色布登子。光緒七
索諾木達布	光緒三十年正月，襲。

青海厄魯	
貢格輝特族，台	熙五十年，封輔國公。雍正三年，授扎薩克。六年，卒。
納罕塔爾	薩克輔國公。乾隆四年，卒。
旺扎勒敦	薩克輔國公。十八年，卒。
達瑪璘旺扎	襲扎薩克輔國公。四十七年，詔世襲罔替。嘉慶元年，病免。
靈沁旺蘇	襲。道光九年，卒。
多爾濟沙	襲。三十年，卒。
車林端多	三十年，襲。
班瑪旺扎	年，襲。二十九年十月，卒。

特部扎薩克輔國公。
吉納木占之四世孫。雍正三年，授扎薩克一等台吉。九年，晉輔國公。乾隆二十年，卒。
巴貢格長子。乾隆二十年，襲扎薩克輔國公。三十五年，卒。
多布納罕塔爾巴長子。乾隆三十五年，襲扎薩克輔國公。四十七年，詔世襲罔
勒敦多布長子。乾隆四十七年，襲扎薩克輔國公。五十六年，賜貝子品級。嘉慶二年，
克達瑪璘長子。嘉慶二年，襲。道光二年，卒。
木靈沁旺蘇克子。道光二年，襲。
布多爾濟沙木弟。同治十二年，襲。光緒二十九年十一月，卒。
勒光緒三十一年，襲。

青海厄魯特部
扎薩克一等台吉。

阿喇布坦扎木素
和碩特族，親王察罕丹津從子。

達什納木扎勒
阿喇布坦扎木素從子。乾隆五年，襲

禮塔爾
達什納木扎勒嗣子。乾隆三十年，襲扎薩克輔國公。

替。是年，卒。

隆貢
達什納木扎勒子。乾隆四十一年，降襲扎薩克一等台吉。

卒。

旺濟勒多爾濟
隆貢子。嘉慶十三年，襲。道光二十三

達什端多布
旺濟勒多爾濟子。道光二十三年，襲。

棍布旺濟勒
達什端多布子。光緒五年，襲。

巴勒珠爾喇布坦
棍布旺濟勒子。光緒十一年，襲。

車楞塔什
光緒二十四年十二月，襲。

青海厄	
達瑪璘	康熙五十九年，封輔國公。雍正三年，授扎薩克。乾隆五年，卒。
博貝達瑪	扎薩克輔國公。三十年，卒。
旺扎勒	四十年，爲郭羅克番賊所戕。
根敦扎	四十七年，詔世襲罔替。嘉慶十三年，病免。
固木扎	年，卒。
察哈巴	
索諾端	

魯特部扎薩克一等台吉。
色布騰和碩特族，貝勒納木扎勒從子。雍正三年，授扎薩克一等台吉。乾隆
璘色布騰弟。乾隆十五年，授扎薩克一等台吉。二十年，卒。
博貝從子。乾隆二十年，襲扎薩克一等台吉。三十年，卒。
布旺扎勒長子。乾隆三十年，襲扎薩克一等台吉。四十七年，詔世襲罔替。五十四
布根敦扎布長子。乾隆五十四年，襲扎薩克一等台吉。咸豐四年，卒。
克固木扎布子。咸豐四年，襲。
多布光緒二十七年，襲。

青海厄魯特部　扎薩克一等台吉。	
阿喇布坦　和碩特族，貝勒納木扎勒弟。雍正三年，授扎薩	十四年，卒。
袞布喇布坦　阿喇布坦長子。乾隆四年，襲扎薩克一等	
班第　袞布喇布坦長子。乾隆四十一年，襲扎薩克一等台吉。四	
索諾穆敏珠爾　班第子。嘉慶十四年，襲。道光十年，卒。	年，卒。
端多布旺濟勒　索諾穆敏珠爾子。道光十年，襲。	
齊莫特林增　端多布旺濟勒子。光緒元年，襲。宣統二年，	

青海厄魯特部扎薩	
哈爾噶斯　和碩特族，顧實	克一等台吉。乾隆四年，卒。
恭格車淩　哈爾噶斯長子。	台吉。四十一年，卒。
吹忠扎布　哈爾噶斯次子。	十七年，詔世襲罔替。嘉慶十四年，病免。
楞衮多爾濟　吹忠扎布	
恩克巴雅爾　楞衮多爾	
濟克莫特旺楚克	卒。
通昌嘎爾布　濟克莫特	
布穆達什　通昌嘎爾布子。	
旺丹多爾濟　光緒二十	

克一等台吉。

汗弟色稜哈坦巴圖爾之四世孫。雍正三年，授扎薩克一等台吉。乾隆十九年，卒。

乾隆十九年，襲扎薩克一等台吉。三十一年，以罪削。

乾隆三十一年，襲扎薩克一等台吉。四十七年，詔世襲罔替。五十九年，卒。

長子。乾隆五十九年，襲扎薩克一等台吉。嘉慶十三年，卒。

濟長子。嘉慶十三年，襲。道光九年，病免。

恩克巴雅爾子。道光九年，襲。二十七年，卒。

旺楚克弟。道光二十七年，襲。

咸豐十年，襲。

四年，襲。

青海厄魯特部扎薩克一等台吉。

扎布　和碩特族，親王察罕丹津從叔父。雍正三年，授扎薩克一等台吉。乾

達奇　扎布長子。乾隆三年，襲扎薩克一等台吉。三十二年，卒。

桑濟達什　達奇長子。乾隆三十二年，襲扎薩克一等台吉。四十七年，

車凌多爾濟　桑濟達什長子。乾隆四十九年，襲扎薩克一等台吉。

扎蘇嚨　車凌多爾濟弟。嘉慶二年，襲。十二年，卒。

端多布　扎蘇嚨次子。嘉慶十三年，襲。道光二十五年，卒。

車布登端多布　端多布子。道光二十五年，襲。

青海厄魯特部	扎薩克一等台吉。	
察罕喇布坦	和碩特族，親王旺舒克兄。	隆三年，卒。
多爾濟色布騰	察罕喇布坦長子。乾	
旺舒克喇布坦	察罕喇布坦弟。乾隆	詔世襲罔替。四十九年，卒。
納罕達爾濟	旺舒克喇布坦長子。乾隆	嘉慶二年，以疏縱逃犯削。
羅卜藏丹津	旺舒克喇布坦次子。乾隆	
沙喇布提理	羅卜藏丹津第三弟。乾隆	
衮布多爾濟	沙喇布提理長子。乾隆五	
棍布車布騰	衮布多爾濟孫。咸豐十年，	
薩木黨札布吹	棍布車布騰子。光緒	

雍正九年，授扎薩克一等台吉。乾隆二年，卒。

隆二年，襲扎薩克一等台吉。四年，卒。

四年，襲扎薩克一等台吉。三十三年，卒。

三十三年，襲扎薩克一等台吉。後襲其從兄旺丹多爾濟帕拉木所遺扎薩克，封多

三十六年，襲扎薩克一等台吉。四十七年，詔世襲罔替。五十二年，以罪削。

五十二年，襲扎薩克一等台吉。五十六年，因番賊劫掠牲畜，往捕，傷亡。

十六年，襲扎薩克一等台吉。

襲。光緒二十三年十二月，病免。

三十二年，襲。

青海厄魯特部扎薩克一等台吉。	
伊什多勒扎布和碩特族，郡王額爾克巴	
畢齊罕車凌伊什多勒扎布子。雍正七年，襲	
巴勒珠爾畢齊罕車凌族子。乾隆三十九年，襲	
畢齊罕車凌巴勒珠爾從叔父。乾隆五十三	羅郡王。見郡王表。
三都布畢齊罕車凌嗣子。乾隆五十四年，襲扎薩	
多爾濟布三都布從弟。乾隆五十八年，襲扎薩克一	
旺沁端多布多爾濟子。嘉慶二十二年，襲。道	
巴木巴勒達什倫都布旺沁端多	
林沁那木都勒巴木巴勒達什倫都布同	
羅堆僧格林沁那木都勒子。咸豐四年，襲。	
索諾木興額拉布坦光緒二十三年	

青海厄魯	
色布騰博	勒珠爾次子。雍正三年，授扎薩克一等台吉。七年，卒。
車淩多爾	扎薩克一等台吉。乾隆三十九年，以病罷。
巴勒珠爾	扎薩克一等台吉。四十七年，詔世襲罔替。五十二年，卒。
噶勒丹丹	年，仍襲扎薩克一等台吉。五十四年，復以病罷。
格勒克拉	克一等台吉。五十八年，卒。
布彥達賴	等台吉。嘉慶二十二年，病免。
達什多爾	光十年，卒。
諾爾布達	布子。道光十年，襲。二十六年，卒。
	族。道光二十六年，襲。咸豐四年，卒。
	四月，襲。

特部扎薩克一等台吉。
碩克圖和碩特族，貝子巴丹兄。雍正三年，授扎薩克一等台吉。乾隆三年，卒。
濟色布騰博碩克圖長子。乾隆三年，襲扎薩克一等台吉。二十六年，卒。
車凌多爾濟孫。乾隆二十六年，襲扎薩克一等台吉。四十二年，卒。
忠巴勒珠爾長子。乾隆四十二年，襲扎薩克一等台吉。四十七年，詔世襲罔替。嘉
布坦噶勒丹丹忠子。嘉慶十四年，襲。道光八年，卒。
格勒克拉布坦子。道光八年，襲。
濟布彥達賴子。同治三年，襲。
爾濟達什多爾濟子。光緒九年，襲。

青海厄魯特部扎薩克一等台吉。	
車凌多爾濟和碩特族，郡王額爾德尼額爾克托	
恭格色布騰車凌多爾濟長子。乾隆二十五年，襲	
沙克都爾恭格色布騰長子。乾隆四十三年，襲扎薩	
	慶十四年，卒。

克托鼐第四子。乾隆十一年，授扎薩克一等台吉。二十五年，卒。
扎薩克一等台吉。四十三年，以罪削。
克一等台吉。四十七年，詔世襲罔替。嘉慶十一年裁，改襲族兄伊什達爾濟郡王之

青海厄魯特部扎薩克一等台吉。	
索諾木喇布坦多爾濟土爾	
棟索諾木喇布坦多爾濟族曾孫。雍正七年，襲扎	
薩喇棟長子。乾隆五年，襲扎薩克一等台吉。三	爵。是爵停襲，併郡王旗。
達什喇布坦薩喇長子。乾隆三十七年，	
薩木都布扎木素薩喇次子。乾隆	
多爾濟旺濟勒薩木都布扎木素族	
端多布那木濟勒多爾濟旺濟勒	
丹巴端多布那木濟勒孫。同治十二年，襲。	

青海	
色特	扈特族，台吉翁罕之十世孫。雍正三年，授扎薩克一等台吉。七年，卒。
烏爾	薩克一等台吉。乾隆五年，卒。
伊達	十七年，卒。
貢格	襲扎薩克一等台吉。四十五年，卒。
旺舒	四十五年，襲扎薩克一等台吉。四十七年，詔世襲罔替。嘉慶五年，卒。
達瑪	弟。嘉慶五年，襲。道光二十一年，卒。
洛布	子。道光二十一年，襲。
棍布	
林沁	

厄魯特部扎薩克一等台吉。

爾布木土爾扈特族，扎薩克台吉棟從弟。雍正三年，授扎薩克一等台吉。乾

占色特爾布木長子。乾隆二十一年，襲扎薩克一等台吉。四十七年，詔世襲罔替。

木烏爾占從弟。乾隆四十九年，襲扎薩克一等台吉。五十年，卒。

伊達木從弟。乾隆五十年，襲扎薩克一等台吉。嘉慶七年，病免。

克貢格子。嘉慶七年，襲。道光九年，卒。

林車淩旺舒克子。道光九年，襲。

桑彥達克達瑪林車淩子。光緒二年，襲。

端多布洛布桑彥達克族叔。光緒八年，襲。

諾羅光緒三十二年閏四月，襲。

	青海厄魯特部扎薩克一等台吉。
隆二十一年，卒。	達爾扎土爾扈特族，扎薩克台吉索諾木喇布坦多爾
四十九年，卒。	色布騰多爾濟達爾扎長子。乾隆十九年，襲扎
	袞楚克色布騰多爾濟從子。乾隆三十四年，襲扎薩克
	瑪濟克策楞袞楚克第三子。嘉慶七年，襲。道光十
	索諾木喇布坦瑪濟克策楞子。道光十二年，襲。
	車林端多布索諾木喇布坦從子。同治十二年，襲。
	噶勒藏旺扎勒光緒二十二年十二月，襲。

	青海厄魯
濟族子。雍正九年，授扎薩克一等台吉。乾隆十九年，卒。	丹忠土爾扈特
薩克一等台吉。三十四年，卒。	納木錫哩
一等台吉。四十七年，詔世襲罔替。嘉慶七年，病免。	都勒瑪扎
二年，卒。	羅卜藏吹
	喇布扎喇
	達闊喇布扎喇
	諾爾布達闊
	多鋭光緒二十

特部扎薩克一等台吉。

族，扎薩克台吉達爾扎從子。雍正二年，授扎薩克一等台吉。乾隆十年，卒。

策旺丹忠長子。乾隆十年，襲扎薩克一等台吉。十四年，卒。

布納木錫哩策旺族弟。乾隆十四年，襲扎薩克一等台吉。四十七年，詔世襲罔替。

達爾都勒瑪扎布長子。嘉慶三年，襲。十八年，病免。

木楚克羅卜藏吹達爾子。嘉慶十八年，襲。

木楚克族子。光緒元年，襲。

子。光緒十二年，襲。二十三年二月，加輔國公銜。

九年二月，襲。

青海厄魯特部公中扎薩克一等台吉。
車凌納木扎勒和碩特族，顧實汗兄哈納克土謝圖之四世孫。
巴勒丹車凌納木扎勒從弟。雍正十一年，襲公中扎薩克一等台吉。乾
達什車木伯勒巴勒丹長子。乾隆二十九年，襲公中扎薩克一
丹珠布那木扎爾達什車木伯勒子。嘉慶八年，襲。十七年，病
德沁丹珠布那木扎爾子。嘉慶十七年，襲。十九年，卒。
恭藏德沁胞叔。嘉慶十九年，襲。道光十二年，卒。
旺沁恭藏從子。道光十二年，襲。咸豐四年，卒。
多布登色爾扎勒旺沁子。咸豐四年，襲。
沙克都爾扎布多布登色爾扎勒子。光緒元年，襲。
圖布坦扎木綽宣統二年，襲。

青海厄魯特部	
達什敦多布元太	雍正三年，授公中扎薩克一等台吉。十年，卒。
車德爾達什敦多布孫。	隆二十九年，卒。
濟克濟扎布車德	等台吉。五十六年，賜公品級。
車伯克多爾濟	免。
巴彥濟爾嘎勒	
達什薩布坦巴彥	
樂布什諾爾布	

公中扎薩克一等台吉。
祖裔，喀爾喀格埒森扎扎賚爾琿台吉之五世孫。乾隆三十年，授公中扎薩克一等
乾隆四十二年，襲公中扎薩克一等台吉。嘉慶十四年，卒。
爾長子。嘉慶十五年，襲。道光元年，卒。
濟克濟扎布子。道光元年，襲。咸豐三年，卒。
車伯克多爾濟子。咸豐三年，襲。
濟爾嘎勒姪。咸豐六年，襲。
達什薩布坦子。光緒九年，襲。

西藏部扎薩克鎮國公。今襲輔國公。	
珠爾默特策布登雍正八年，授扎薩克	台吉。四十二年，卒。
珠爾默特旺扎勒珠爾默特策布登次	
諾爾布朋素克珠爾默特旺扎勒嗣子。乾	
額琳沁彭楚克諾爾布朋素克子。乾隆五	
策旺珠美額琳沁彭楚克子。嘉慶二十一年，襲。	
札什熱布丹策旺珠美子。道光二十七年，襲。	
那木濟勒錯布丹光緒十三年，襲。	

一等台吉。九年，晉輔國公。十一年，晉鎭國公。乾隆十五年，爲其弟珠爾默特納木扎
子。乾隆十六年，降襲扎薩克輔國公。四十二年，卒。
隆四十三年，襲扎薩克輔國公。四十八年，詔世襲罔替。五十八年，卒。
十九年，襲扎薩克輔國公。嘉慶二十一年，卒。
道光二十一年，病免。

西藏部輔國公。今定世襲一等台吉。	
索諾木達爾扎 雍正七年，封輔國公。乾隆九年，卒。	勒所戕。
恭格丹津 索諾木達爾扎次子。乾隆九年，襲輔國公。三十	
札什納木扎勒 恭格丹津子。乾隆三十八年，襲輔國	
奇雅多爾旺瞿 札什納木扎勒長子。乾隆五十七年，	
色綸彭蘇 奇雅多爾旺瞿子。嘉慶二十二年，襲。道光十一	
加木參烏珠 色綸彭蘇子。道光十一年，襲。	

西藏部輔國	
喀錫鼐色	
噶錫巴納	八年，卒。
旺第達喀錫	公。四十八年，詔出缺後世襲一等台吉罔替。五十六年，卒。
丹津班珠	襲一等台吉。嘉慶二十二年，卒。
敏珠爾索	年，卒。

公。

布登喇什　初授阿哩總管。雍正五年，以擊逆賊阿爾布巴等陣歿。六年，追

木扎勒色布騰　喀錫鼐色布登喇什長子。雍正六年，襲一等台吉。九

鼐色布登喇什次子。乾隆五年，襲輔國公。五十四年，以老罷。

爾　班第達子。乾隆五十四年，襲輔國公。五十七年，以罪削。

諾木班珠勒　丹津班珠爾子。乾隆五十七年，襲輔國公。

	西藏部 扎薩克一等台吉。
授一等台吉。	車凌旺扎勒 雍正六年，
年，晉輔國公，詔世襲罔替。乾隆四年，卒。	索諾木旺扎勒 車凌

授扎薩克一等台吉。二十八年，卒。

旺扎勒孫。乾隆二十九年，襲扎薩克一等台吉。四十八年，詔世襲罔替。五十三年，卒。

西藏部	扎薩克一等台吉。	
諸顏和碩齊	雍正六年，授扎薩克一等台吉。乾隆元年，	
車臣哈什哈	諸顏和碩齊弟。乾隆元年，襲扎薩克一等	以罪停襲。
齊旺多爾濟	車臣哈什哈弟。乾隆五年，襲扎薩克一等	
旺對	諸顏和碩齊子。乾隆十年，襲扎薩克一等台吉。三十一年，	
索諾木喇什	旺對子。乾隆三十一年，襲扎薩克一等台	
策稜旺舒克多爾濟	索諾木喇什長子。乾隆五	
敦珠毓傑	策稜旺舒克多爾濟子。道光八年，襲。	
汪青彭錯	光緒三十二年，襲。	

杜爾伯特部扎薩克特	
車淩杜爾伯特台吉博羅諾哈	卒。
索諾木衮布車淩長子。	台吉。五年，卒。
瑪克蘇爾扎布索諾	台吉。十年，卒。
旺拉布瑪克蘇爾扎布長子。	卒。
拉木扎布旺拉布子。嘉慶	吉。四十八年，詔世襲罔替。五十七年，卒。
齊旺巴勒楚克拉木	十七年，襲扎薩克一等台吉。道光八年，卒。
密什克多爾濟齊旺	
散都克多爾濟密什	
勒扎勒喇布坦希	
那克旺扎勒禪勒扎	
噶勒章那木濟勒	

古斯庫魯克達賴汗。

勒九世孫。乾隆十九年，封扎薩克和碩親王。二十年，封特古斯庫魯克達賴汗。二十

乾隆二十三年，襲扎薩克特古斯庫魯克達賴汗。三十四年，卒。

木袞布長子。乾隆三十四年，襲扎薩克特古斯庫魯克達賴汗。四十七年，詔世襲罔

嘉慶十七年，襲。二十五年，卒。

二十五年，襲。道光元年，卒。

扎布叔。道光元年，襲。二十三年，卒。

巴勒楚克次子。道光二十三年，襲。

克多爾濟族弟。道光二十八年，襲。咸豐四年，卒。

哩勒珠特散都克多爾濟長子。咸豐四年，襲。

勒喇布坦希哩勒珠特叔。同治三年，襲。

密什克多爾濟族弟。同治九年，襲。

杜爾伯特部扎薩克和碩親王。	
車凌烏巴什汗車凌從子。乾隆十九年，封扎	三年，卒。
固魯扎布車凌烏巴什族姪，貝勒達瓦丕勒之	
貢噶諾爾布固魯扎布長子。嘉慶二十三年，	替。嘉慶十七年，卒。
棍布扎布貢噶諾爾布嗣子。道光九年，襲。	
索特那木扎木柴棍布扎布長子。光緒	

	杜
薩克多羅郡王。二十年，晉和碩親王。四十七年，詔世襲罔替。五十五年，卒。	車
子。乾隆五十五年，襲扎薩克和碩親王。嘉慶二十三年，卒。	巴
襲。道光九年，卒。	博
	納
十二年，襲。	滿
	那
	都

爾伯特部	扎薩克多羅郡王。
凌蒙克	汗車凌從叔父。乾隆十九年，封扎薩克多羅貝勒。二十年，晉多羅郡
雅勒當	車凌蒙克次子。乾隆二十二年，襲扎薩克多羅郡王。二十三年，卒。
斯和勒	車凌蒙克第四子。乾隆二十四年，襲扎薩克多羅郡王。四十六年，卒。
旺索諾木	博斯和勒長子。乾隆四十六年，襲扎薩克多羅郡王。四十七年，
達拉納旺	索諾木長子。嘉慶九年，襲。
遜托克托呼	滿達拉長子。光緒八年，襲。二十四年七月，卒。
格莫托克勒	那遜托克托呼子。光緒二十四年十一月，襲。

	杜爾伯特部扎薩克多羅貝勒。
王。二十二年，卒。	色布騰汗車凌族祖。乾隆十九年，封扎薩克
	巴桑色布騰長子。乾隆二十一年，襲扎薩克多
	貢楚克扎布巴桑長子。嘉慶十八年，襲。
詔世襲罔替。嘉慶九年，卒。	雅林丕勒多爾濟貢楚克扎布長
	德勒格爾瓦齊爾雅林丕勒多爾
	那遜布彥德勒格爾瓦齊爾子。光緒十八
	薩木當扎木吹光緒三十二年，襲。

杜爾伯特部	
剛多爾濟汗車	多羅貝勒。二十年，賜郡王品級。尋卒。
達瓦丕勒剛多	羅貝勒。四十七年，詔世襲罔替。嘉慶十八年，病免。
齊墨特多爾	道光五年，卒。
巴咱爾咱那	子。道光五年，襲。
圖們濟爾噶	濟長子。同治三年，襲。光緒十八年十月，卒。
	年，襲。

扎薩克多羅貝勒。

凌從子。乾隆十九年，封扎薩克多羅貝勒。三十二年，卒。

爾濟從子。乾隆三十二年，襲扎薩克多羅貝勒。四十七年，詔世襲罔替。五十五年，卒。

濟

達瓦丕勒次子。乾隆五十五年，襲扎薩克多羅貝勒。道光十年，卒。

齊墨特多爾濟長子。道光十年，襲。

勒

巴咱爾咱那孫。光緒五年，襲。

杜爾伯特部　扎薩克固山貝子。

瑪什巴圖　汗車凌族弟。乾隆十九年，封扎薩克輔國公。二十年，晉固

布延濟爾噶勒　瑪什巴圖長子。乾隆三十年，襲扎薩克固山貝

和托羅　布延濟爾噶勒長子。乾隆四十四年，襲扎薩克固山貝子。四十

鄂勒哲布圖庫　和托羅長子。乾隆四十六年，襲扎薩克固山貝

索諾木巴爾　鄂勒哲布圖庫長子。嘉慶八年，襲。十三年，卒。

拉特那巴咱爾　索諾木巴爾弟。嘉慶十四年，襲。道光二十一年，

諾木巴達爾瑚　拉特那巴咱爾長子。道光二十一年，襲。咸豐四

察克都爾扎布　諾木巴達爾瑚次子。咸豐四年，襲。光緒二十六

納楚克多爾濟　光緒二十七年，襲。

	杜爾伯特部扎薩克固
山貝子。二十九年，卒。	班珠爾 汗車凌族子。乾隆十
子。四十四年，卒。	奇塔 班珠爾從子。乾隆二十年，
六年，卒。	羅卜藏薩木坦 奇塔
子。四十七年，詔世襲罔替。嘉慶八年，卒。	拉穆扎布 羅卜藏薩木坦
	達木扎布 拉穆扎布弟。嘉
卒。	車林多爾濟 達木扎布
年，卒。	車哩布貢堆 車林多爾
年，卒。	達什瓦齊爾 車哩布貢
	彭泰忠奈 達什瓦齊爾子。

山貝子。
九年，封扎薩克固山貝子。尋卒。
襲扎薩克固山貝子。四十四年，卒。
長子。乾隆四十四年，襲扎薩克固山貝子。四十七年，詔世襲罔替。六十年，卒。
長子。乾隆六十年，襲。嘉慶十四年，卒。
慶十四年，襲。咸豐四年，卒。
長子。咸豐四年，襲。
濟長子。同治元年，襲。
堆三子。光緒十年，襲。十七年，卒。
光緒十七年，襲。

杜爾伯特部	扎薩克鎮國公。
根敦	汗車凌族弟。乾隆十九年，封扎薩克固山貝子。三十一年，卒。
扣肯	根敦長子。乾隆三十二年，襲扎薩克固山貝子。三十三年，卒。
雙和爾	根敦弟。乾隆三十三年，降襲扎薩克鎮國公。四十五年，卒。
諤勒哲鄂羅什瑚	雙和爾長子。乾隆四十五年，襲扎薩克鎮
諾爾布	諤勒哲鄂羅什瑚長子。嘉慶二十四年，襲。咸豐三年，卒。
阿育爾扎那	諾爾布長子。咸豐三年，襲。
多諾爾布	阿育爾扎那長子。咸豐十年，襲。光緒三十年四月，卒。
巴噶圖爾	光緒三十三年，襲。

杜爾伯特部扎薩	
巴圖蒙克，汗車淩從	
烏埒斯巴圖蒙克次子。	
博第埒格呼勒，烏埒	
多爾濟扎布，博第	國公。四十七年，詔世襲罔替。嘉慶二十四年，卒。
車德恩扎布，多爾	
車巴克扎布，車德	
圖都布，車巴克扎布子。	

杜爾	克輔國公。
剛汗車	叔父。乾隆十九年，封扎薩克輔國公。三十九年，卒。
扎納	乾隆四十年，襲扎薩克輔國公。四十七年，詔世襲罔替。五十五年，卒。
齊默	斯長子。乾隆五十六年，襲扎薩克輔國公。嘉慶十一年，卒。
達克	格哷勒長子。嘉慶十一年，襲。道光五年，卒。
多諾	濟扎布弟。道光五年，襲。二十五年，卒。
羅布	恩扎布子。道光二十五年，襲。光緒二十一年二月，卒。
圖們	光緒二十一年，襲。

伯特部	扎薩克輔國公。
凌族	弟。乾隆十九年，封扎薩克輔國公。三十年，卒。
巴克	剛長子。乾隆三十年，襲扎薩克輔國公。四十七年，詔世襲罔替。五十年，卒。
特巴勒扎納	巴克長子。乾隆五十年，襲扎薩克輔國公。道光二十三年，卒。
敦齊默	特巴勒孫。道光二十三年，襲。二十五年，卒。
爾巴達克	敦弟。道光二十四年，襲。二十五年，卒。
桑多諾爾巴	從父。道光二十五年，襲。光緒二十年，卒。
巴雅爾	光緒二十一年，襲。

杜爾伯特部	扎薩克一等台吉。
達什敦多克	汗車凌族叔父。乾隆十九年，授扎薩克一等台吉。二
寶貝	達什敦多克長子。乾隆二十三年，襲扎薩克一等台吉。四十七年，詔
布克	寶貝長子。嘉慶四年，襲。道光元年二月，病免。
烏爾庫濟庫	布克長子。道光元年，襲。
諾爾布	烏爾庫濟庫次子。咸豐十一年，襲。
鄂瓦爾齊	諾爾布長子。同治四年，襲。

	杜爾伯特部扎薩克一等台吉。
十三年，卒。	恭錫喇　汗車凌族弟。乾隆十九年，授扎薩克
世襲罔替。嘉慶四年，病免。	車登　恭錫喇長子。乾隆二十一年，襲扎薩克一
	諤勒哲鄂羅什瑚　車登長子。乾隆
	烏巴什　車登次子。乾隆四十六年，襲扎薩克
	巴拉章　烏巴什長子。嘉慶十二年，襲。道光十
	車凌諾依魯布　巴拉章長子。道光十
	巴圖瓦齊爾　車凌諾依魯布子。同治六

杜爾伯特部	
額布根汗車凌族	一等台吉。二十一年，卒。
齊巴克額布根弟。	等台吉。四十五年，卒。
索諾木丕爾	四十五年，襲扎薩克一等台吉。四十六年，卒。
鄂特巴克扎	一等台吉。四十七年，詔世襲罔替。嘉慶十二年，卒。
額爾德尼鄂特	一年，卒。
僧格多爾濟	一年，襲。
	年，襲。

杜	扎薩克一等台吉。
巴	子。乾隆十九年，授扎薩克一等台吉。二十二年，卒。
布	乾隆二十二年，襲扎薩克一等台吉。四十七年，詔世襲罔替。嘉慶元年，卒。
濟	齊巴克次子。嘉慶元年，襲。二十五年，卒。
扎	布 索諾木丕爾長子。嘉慶二十五年，襲。道光十六年，卒。
布	巴克扎布長子。道光十六年，襲。
阿	額爾德尼三子。咸豐九年，襲。
黨	

爾伯特部 扎薩克一等台吉。

爾 汗車淩族子。乾隆十九年，授扎薩克一等台吉。三十三年，卒。

達什哩 巴爾長子。乾隆三十三年，襲扎薩克一等台吉。四十七年，詔世襲罔

卜瑚朗 布達什哩長子。嘉慶十五年，襲。道光元年，卒。

照濟卜 瑚朗長子。道光元年，襲。十六年，卒。

彥德勒格爾 扎照長子。道光十六年，襲。

巴爾米達 布彥德勒格爾次子。光緒八年，襲。

達爾 光緒二十一年，襲。

杜爾伯特部	輝特扎薩克一等台吉。	
達瑪璘	輝特台吉扎巴甘墨爾根之裔。乾隆二十	
布爾布達爾濟	達瑪璘從子。乾隆四十一	替。嘉慶十五年，卒。
薩噶	布爾布達爾濟子。嘉慶六年，襲。道光三年，卒。	
散保多爾濟	薩噶長子。道光三年，襲。二十三	
曼達勒扎布	散保多爾濟長子。道光二十三	
育木沁	曼達勒扎布子。咸豐四年，襲。	
阿巴爾米達	育木沁長子。光緒十二年，襲。	
那木嚕拉		
鄂勒哲依特穆林	那木嚕拉子。光緒三	
巴特瑪	鄂勒哲依特穆林嗣子。宣統元年，襲。	

杜爾伯	
羅卜藏	年，授扎薩克一等台吉。四十一年，卒。
袞布羅卜	年，襲扎薩克一等台吉。四十七年，詔世襲罔替。嘉慶六年，卒。
布第扎	
呢瑪扎	年，卒。
棍楚克	年，襲。
噶爾瑪	
車德恩	
阿育爾	
	十二年，襲。

特部輝特扎薩克一等台吉。

達瑪璘從祖。乾隆二十年，授扎薩克一等台吉。二十一年，卒。

藏子。乾隆二十一年，襲扎薩克一等台吉。四十七年，詔世襲罔替。嘉慶二年，卒。

布袞布長子。嘉慶二年，襲。二十一年，卒。

布布第扎布長子。嘉慶二十一年，襲。道光八年，卒。

呢瑪扎布弟。道光八年，襲。十七年，卒。

棍楚克子。道光十七年，襲。

多爾濟噶爾瑪長子。同治四年，襲。

扎那車德恩多爾濟子。光緒十五年，襲。

土爾扈特部 多羅貝勒。

阿喇布珠爾 土爾扈特台吉翁罕之十三世孫。康熙四十三年，封

丹忠 阿喇布珠爾長子。初襲固山貝子。雍正七年，晉多羅貝勒。乾隆五年，

羅卜藏達爾扎 丹忠長子。乾隆五年，襲多羅貝勒。十八年，授扎

旺扎勒車凌 羅卜藏達爾扎長子。乾隆三十二年，襲扎薩克多羅

端多布車林 旺扎勒車凌次子。嘉慶十五年，襲。

巴雅爾莽柰 端多布車林子。嘉慶十七年，襲。道光二十一年，卒。

達什車楞 巴雅爾莽柰子。道光二十一年，襲。

丹津 達什車楞子。同治十二年，襲。

烏勒哲依巴達呼貝勒 光緒□□年，襲。二十五年三月，

達什 光緒二十五年十二月，襲。

土爾扈特部扎薩克卓哩克圖汗。	
渥巴錫土爾扈特台吉翁罕之十五世	固山貝子。五十五年，卒。
策璘納木扎勒渥巴錫長子。乾	卒。
霍紹齊策璘納木扎勒長子。乾隆五十	薩克。三十二年，卒。
丹津旺濟爾霍紹齊弟。嘉慶十一	貝勒。四十八年，詔世襲罔替。
那木濟扎多爾濟丹津旺濟	
策登多爾濟那木濟扎多爾濟子。	
那木扎勒珠爾默特策	
瑪哈巴咱爾那木扎勒珠爾默特	
喇特那巴咱爾瑪哈巴咱爾子。	病免。
布彥綽克圖喇特那巴咱爾子。光	
布彥蒙庫布彥綽克圖子。光緒十七	

土爾扈	
額墨根	孫。乾隆三十六年，封扎薩克卓哩克圖汗。三十九年，卒。
恭坦額墨	隆三十九年，襲扎薩克卓哩克圖汗。四十八年，詔世襲罔替。
巴爾丹	七年，襲扎薩克卓哩克圖汗。嘉慶十一年，卒。
蒙庫那	年，襲。十三年，卒。
固嚕扎	爾兄。嘉慶十四年，襲。是年，卒。
烏勒哲	嘉慶十四年，襲。道光十一年，卒。
恭噶那	林策登多爾濟子。道光十一年，襲。二十九年，卒。
敏珠多	策林族弟。道光三十年，襲。咸豐二年，卒。
	咸豐二年，襲。七年，更名布雅庫勒哲依圖。
	緒元年，襲。
	年，襲。

特部　扎薩克固山巴雅爾圖貝子。
烏巴什　汗渥巴錫從子。乾隆三十六年，封扎薩克固山巴雅爾圖貝子。尋卒。
根烏巴什長子。乾隆三十七年，襲扎薩克固山巴雅爾圖貝子。四十八年，詔世襲罔
拉什　恭坦子。嘉慶十六年，襲。道光十年，卒。
遜　巴爾丹拉什長子。道光十一年，晉襲多羅貝勒。
布　蒙庫　那遜子。咸豐十一年，襲。
依特固斯　固嚕扎布子。光緒二年，襲。十三年，卒。
木扎勒　烏勒哲依特固斯子。光緒十四年，襲。二十四年十一月，卒。
爾濟　恭噶那木扎勒子。光緒二十五年，襲。

土爾扈特部	扎薩克輔國公。	
拜濟瑚	汗渥巴錫從子。乾隆三十六年，封扎薩克	
策伯克扎布	拜濟瑚子。道光元年，襲。十二年，	替。嘉慶十六年，卒。
巴彥克什克	策伯克扎布子。道光十二年，襲。	
曼吉多爾濟	巴彥克什克子。道光二十四年，	
達爾瑪巴勒	曼吉多爾濟子。光緒七年，襲。八	
諾爾博林沁	達爾瑪巴勒弟。光緒十年九月，	

土爾扈特部扎薩	
伯爾哈什哈汗渥	輔國公。四十八年，詔世襲罔替。道光元年，卒。
納木扎勒喇什	卒。
扎爾納木扎勒喇什弟。嘉	二十四年，卒。
和團爾扎爾子。道光八年，襲。	襲。光緒五年三月，卒。
額爾德尼和團子。道	年，卒。
西勒達爾嗎光緒	襲。

克一等台吉。
巴錫 從弟。 乾隆三十六年，授扎薩克一等台吉。四十七年，卒。
伯爾 哈什哈長子。 乾隆四十七年，襲扎薩克一等台吉。四十八年，詔世襲罔替。 嘉慶
慶七年，襲。八年，卒。
道光二十五年，卒。
光二十五年，襲。
二十三年，襲。

	土爾扈特部扎薩克和碩布延圖親王。
	策伯克多爾濟汗渥巴錫從子。乾隆三十六年，封扎
七年，卒。	奇哩布策伯克多爾濟弟。初授一等台吉。乾隆四十四年，襲
	車凌烏巴什奇哩布長子。乾隆四十九年，襲扎薩克和
	恩克濟爾噶勒車凌烏巴什子。嘉慶十九年，襲。道光
	策林喇布坦恩克濟爾噶勒子。道光二十八年，襲。光緒
	洞克嚕布車得恩策林喇布坦子。光緒十二年，襲。
	鄂羅勒默扎布洞克嚕布車得恩子。光緒二十二年

土爾扈	
恭格車	薩克和碩布延圖親王。四十三年，卒。
策林敏	扎薩克和碩布延圖親王。四十八年，詔世襲罔替。四十九年，卒。
喇特那	碩布延圖親王。嘉慶十九年，卒。
伊達木	二十八年，卒。
里依扎	十年，病免。
棍布扎	二十一年九月，卒。
	十月，襲。

特部	公品級扎薩克一等台吉。
凌	親王策伯克多爾濟子。初授公品級一等台吉。乾隆五十年，授扎薩克。道光六
珠爾	恭格車凌子。道光六年，襲。七年，卒。
巴咱爾	策林敏珠爾子。道光七年，襲。同治十二年，卒。
車林	喇特那巴咱爾子。同治十二年，襲。
布	伊達木車林子。光緒九年，襲。三十二年閏四月，卒。
普	里依扎布子。光緒三十四年，襲。

年，卒。

土爾扈特部扎薩克輔國公。

阿克薩哈勒親王奇哩布弟。乾隆三十六年，授一等台吉。四

阿咱拉阿克薩哈勒長子。乾隆五十四年，襲扎薩克一等台吉。五

多爾濟那木濟勒阿咱拉子。道光二年，降襲扎薩克一

圖普伸克什克多爾濟那木濟勒子。道光十二年，襲。光緒

車德恩多爾濟圖普伸克什克子。光緒四年，襲。

哩嗎扎布車德恩多爾濟子。光緒七年，襲。三十二年閏四月，卒。

普恩楚克車林哩嗎扎布子。光緒三十四年，襲。

土爾扈特部	
巴木巴爾汗渥	十年，授扎薩克。四十八年，詔世襲罔替。五十四年，卒。
車凌德勒克	十六年，賞公品級。五十七年，封輔國公。道光二年，卒。
巴特瑪烏巴	等台吉。十二年，卒。
那木扎勒車	四年，革。
巴圖那木扎勒車登	
巴雅爾巴圖子。光	
帕勒塔巴雅爾子。	

扎薩克多羅畢錫呼勒圖郡王。

巴錫族弟。乾隆三十六年，封扎薩克多羅畢錫呼勒圖郡王。三十九年，卒。

巴木巴爾長子。初授一等台吉。乾隆三十九年，襲扎薩克多羅畢錫呼勒圖郡王。四

錫車淩德勒克長子。乾隆五十七年，襲扎薩克多羅畢錫呼勒圖郡王。嘉慶二十

登巴特瑪烏巴錫子。嘉慶二十二年，襲。道光二十五年，卒。

子。道光二十五年，襲。同治十三年，卒。

緒二十四年，襲。

光緒元年，襲。

土爾扈特部扎薩克固	
奇布爾騰郡王巴木巴爾從子。	
瑪爾噶錫里奇布騰長	十八年，詔世襲罔替。五十七年，以病罷。
察罕布彥瑪爾噶錫里子。	二年，病免。
那遜德勒克察罕布彥	
普爾噶丹那遜德勒	
德恩沁阿拉什普爾	

土	山伊特格勒貝子。
默	乾隆三十六年，封扎薩克固山伊特格勒貝子。四十八年，詔世襲罔替。
額	子。嘉慶十七年，卒。
庫	嘉慶十七年，襲。道光十七年，卒。無嗣。
巴	從父。道光十七年，襲。二十三年，卒。
巴	克孫。道光二十三年，襲。光緒三年，卒。
巴	普噶丹孫。光緒三年，襲。
喀	
鄂	
三	
巴	
諾	

爾扈特部	扎薩克多羅濟爾哈朗貝勒。
們圖	汗渥巴錫族叔父。乾隆三十六年，封扎薩克多羅濟爾哈朗貝勒。四十八
爾德尼	默們圖長子。嘉慶四年，襲。七年，卒。
魁	額爾德尼弟。嘉慶七年，襲。十五年，卒。
圖濟爾噶爾	庫魁長子。嘉慶十五年，襲。是年，卒。
圖克什克	巴圖濟爾噶爾弟。嘉慶十六年，襲。二十一年，卒。
圖納遜	巴圖克什克弟。嘉慶二十一年，襲。道光二十六年，卒。
特納什第	巴圖納遜子。道光二十六年，襲。咸豐元年，卒。
齊爾	喀特納什第弟。咸豐元年，襲。
濟賚	鄂齊爾弟。光緒元年，襲。十八年三月，卒。
特瑪扎勒	三濟賚子。光緒十八年，襲。二十六年六月，卒。
爾博三丕勒	巴特瑪扎勒嗣子。光緒二十八年，襲。

年，詔世襲罔替。嘉慶四年，卒。

土爾扈特部扎薩克多羅弼哩克

舍稜土爾扈特台吉翁罕之十二世孫。乾

策伯克扎布舍稜長子。乾隆五十

三都克多爾濟策伯克扎布次

多諾魯布多爾濟三都克多

淩扎棟固魯布多諾魯布多爾

密什克棟固嚕布光緒十年，

圖郡王。

隆三十六年，封扎薩克多羅弼哩克圖郡王。四十八年，詔世襲罔替。五十七年，以病

七年，襲扎薩克多羅弼哩克圖郡王。道光四年，卒。

子。道光四年，襲。十七年，卒。

爾濟長子。道光十七年，襲。

濟長子。咸豐八年，襲。同治八年，賜親王銜，詔襲三世。

襲。

罷。

土爾扈特部	扎薩克固山烏察喇勒圖貝子。
沙喇扣肯	郡王舍稜從子。乾隆三十六年，封扎薩克固山烏察
車林多爾濟	沙喇扣肯次子。道光九年，襲。二十年，卒。
烏爾圖那遜	車林多爾濟子。道光二十二年，襲。
精米特	烏爾圖那遜長子。同治十年，襲。
喇特那巴咱爾	精米特長子。光緒五年，襲。十七年，卒。
瑪克蘇爾扎布	光緒十七年，襲。

珠勒都斯和	
恭格元太祖弟哈布	喇勒圖貝子。四十八年，詔世襲罔替。道光九年，病免。
德勒克烏巴	
騰特克德勒克烏	

碩特部

扎薩克多羅土謝圖貝勒。

圖哈薩爾之裔，青海顧實汗兄昆都倫烏巴什六世孫。乾隆三十六年，封扎薩克多

什

恭格長子。乾隆三十八年，襲扎薩克多羅土謝圖貝勒。四十八年，詔世襲罔替。

巴什

從弟。乾隆五十六年，襲扎薩克多羅土謝圖貝勒。嘉慶二年，卒。無嗣，停襲。

	和碩特部扎薩克固山阿穆爾嘞貴
羅土謝圖貝勒。三十八年，卒。	雅蘭丕勒元太祖弟哈布圖哈薩爾
五十六年，卒。	鄂濟爾雅蘭丕勒弟。乾隆五十五年，襲。
	巴特瑪策淩鄂濟爾子。嘉慶七年，
	普爾普巴特瑪策淩子。嘉慶十九年四
	車德恩多爾濟普爾普子。嘉慶
	多爾濟那木扎勒車德恩多
	棍布扎布多爾濟那木扎勒子。光緒
	桑濟扎布棍布扎布子。光緒二十三

貝子。

之裔，青海顧實汗兄昆都侖烏巴什玄孫。乾隆三十六年，封。四十八年，詔世襲罔替。

嘉慶七年，卒。

襲。十九年，卒。

月，襲。尋卒。

十九年，襲。道光二十年，卒。

爾濟嗣子。道光二十一年，襲。

八年，襲。

年，襲。

和碩特部	扎薩克一等台吉。
諾海	恭格族叔父。乾隆三十六年，授扎薩克一等台吉。四十八年，詔世襲。
三濟	諾海長子。乾隆五十七年，襲扎薩克一等台吉。嘉慶二年，卒。
烏爾圖那遜	三濟子。嘉慶二年，襲。道光十四年，卒。
巴彥濟爾噶勒	烏爾圖那遜子。道光十四年，襲。十九年，卒。
棍濟克扎布	巴彥濟爾噶勒子。道光十九年，襲。
洞魯布旺扎勒	棍濟克扎布弟。咸豐六年，襲。光緒十三年，病免。
貢噶那木扎勒	洞魯布旺扎勒子。光緒十三年，卒。

和碩特部扎薩克一等台吉。	
巴雅爾拉瑚顧實汗兄昆都倫烏巴什五世	罔替。五十七年，卒。
齊業齊巴雅爾拉瑚子。乾隆四十年，授扎薩克。四	
桑濟策楞齊業齊子。嘉慶十一年，襲。二十四年，	
濟爾噶勒桑濟策楞子。嘉慶二十四年，襲。道光	
圖魯孟庫濟爾噶勒嗣子。道光六年，襲。	
喇什德勒克圖魯孟庫子。咸豐元年，襲。光緒	
車伯克多爾濟光緒十七年，襲。	
喇達博堆光緒二十五年，襲。	

	哈畢察克和碩特部
孫。初封一等台吉。	布彥科什克乾隆三十六年，
十八年，詔世襲罔替。嘉慶十年，病免。	額林沁多爾濟布彥科什
卒。	齊默特車林額林沁多爾濟
六年，卒。	克什克布彥齊默特車林子。
	達木鼎策得恩克什克布
十七年，卒。	

扎薩克一等台吉。

和碩特台吉巴雅爾拉瑚之族蒙袞率屬來歸，封一等台吉，牧哈喇沙爾。三十八年，

克子。道光十五年，襲。

子。咸豐元年，襲。

同治十年，襲。光緒三十三年正月，卒。

彥子。光緒三十三年，襲。

遷科布多，編半佐領，附濟爾哈朗土爾扈特左旗游牧。五十七年，撥出別爲游牧。嘉

哈密	
額貝	慶元年，授蒙袞子一等台吉布彥科什克扎薩克。道光十五年，卒。
郭帕	
額敏	
玉素	
伊薩	
額爾	
博錫	
賣哈	
沙木	

回部　扎薩克和碩親王。

都拉　康熙三十六年，授扎薩克一等達爾漢。四十八年，卒。

伯克　額貝都拉長子。康熙四十八年，襲扎薩克一等達爾漢。五十年，卒。

郭帕伯克　長子。康熙五十年，襲扎薩克一等達爾漢。雍正五年，晉鎮國公。七年，晉固

卜額敏　長子。乾隆五年，襲扎薩克鎮國公。十年，晉固山貝子。二十三年，賜貝勒品

克玉素　卜次子。乾隆三十一年，襲郡王品級扎薩克多羅貝勒。四十五年，卒。

德錫爾　伊薩克長子。乾隆四十五年，襲郡王品級扎薩克多羅貝勒。四十八

爾額爾　德錫爾子。嘉慶十八年，襲。道光十二年，晉多羅郡王。咸豐三年，賜親王銜。

莫特　博錫爾子。同治六年，襲扎薩克和碩親王。

胡索特　賣哈莫特姪。光緒七年，襲。

吐魯番回部	
額敏和卓 雍正	
蘇賚璊 額敏和卓	
伊思坎達爾	山貝子。乾隆五年，卒。
玉努斯 伊思坎達	級。二十四年，封多羅貝勒，賜郡王品級。三十一年，卒。
丕爾敦 額敏和卓	
邁瑪薩依特	年，詔世襲罔替。嘉慶十八年，卒。
阿克拉依都	同治六年，追封和碩親王。
瑪穆特 阿克拉依	
葉明和卓 瑪穆	

扎薩克多羅郡王。

十一年，封扎薩克輔國公。乾隆二十一年，晉鎮國公。旋晉貝子。二十二年，賜貝勒品

子。乾隆四十二年，襲郡王爵。四十四年，以罪削。四十五年，卒。

額敏和卓子。乾隆四十四年，襲郡王爵。四十八年，詔世襲罔替。嘉慶十六年，卒。

爾子。嘉慶十六年，襲。十九年，削。

第六子。嘉慶二十年六月，襲。是年，卒。

丕爾墩子。嘉慶二十一年，襲。道光六年，禦張格爾於喀什噶爾，陣亡。

邁瑪薩依特子。道光七年，襲。同治元年，以罪削。二年，賞復郡王爵。十一年，陣亡。

都子。光緒八年，襲。二十六年，卒。

特子。光緒二十七年，襲。

吐魯番回	
鄂羅木咱	級。二十三年，授多羅貝勒。旋賜郡王品級。四十二年，卒。

部	一等台吉。
卜	郡王額敏和卓第三子。乾隆三十一年，授一等台吉。五十三年，詔世襲罔替。

吐魯番回部二等台吉。
丕爾墩郡王額敏和卓第六子。乾隆三十六年，授二等台吉。嘉慶二十

	居京師之綽羅斯固山貝子。	
年，改襲郡王。	達瓦齊	準噶爾台吉額斯墨特達爾漢諾顏之十一世
	羅卜扎	達瓦齊長子。乾隆二十四年，降襲多羅郡王。三
	富春喜	達瓦齊次子。乾隆三十九年，降襲多羅貝勒。四
	富爾納	羅卜扎長子。乾隆四十六年，降襲固山貝子。四
	賡音蘇	富爾納次子。嘉慶二年，襲。道光十八年，卒。
	伊鏗額	賡音蘇子。道光十八年，襲。
	唐古色	伊鏗額子。光緒五年，襲。

孫。初爲準噶爾部長。乾隆二十年，大軍平其部，俘歸，釋之，詔封和碩親王。二十四年，
十九年，以罪削。
十六年，以罪削。
十八年，詔世襲罔替。嘉慶二年，卒。

居歸化城之土默特輔國公。	
喇嘛扎布　元太祖裔。世居歸化城。乾隆二十一年，封扎薩克輔	卒。
索諾木旺扎勒　喇嘛扎布次子。乾隆三十一年，襲輔國公。	
濟魯布　索諾木旺扎勒子。嘉慶十二年，襲。道光二十七年，卒。	
根丕勒多爾濟　濟魯布子。道光二十七年，襲。	
貢格巴勒　根丕勒多爾濟子。同治十一年，襲。光緒二十九年，卒。	

國公。二十五年，以罪削扎薩克。三十一年，卒。

四十九年，詔世襲罔替。嘉慶十二年，卒。

居歸化城之土

古祿格 土默特人。天聰

錫喇布 古祿格第四子。

古睦德 錫喇布長子。康

阿喇納 古祿格第五子。

古睦德 康熙三十六年，

丹津 古睦德長子。康熙四

扎什泰 丹津嗣子。乾隆

福保 扎什泰次子。乾隆三

羅布藏多爾濟

默特

原授左翼都統。今襲三等子兼三等男。

六年來歸，居歸化城。崇德元年，授左翼都統。順治二年，授二等子。康熙五年，卒。

康熙五年，襲都統。九年，卒。

熙九年，襲都統。二十五年，降佐領。

康熙二十五年，襲都統。三十六年，以罪削。

仍襲都統。四十三年，卒。

十三年，襲都統。五十九年，襲三等子。乾隆二年，卒。都統停襲。

二年，襲三等子。二十四年，以前停襲之都統改三等男爵，令共兼襲。三十年，卒。

十年，襲三等子兼三等男。五十三年，卒。

乾隆五十四年，襲。

居歸化城之土默特	原授右翼都統。今襲三等男。
托博克	土默特人。天聰六年，來歸，居歸化城。崇德元年，授參領。三年，授
古嚕	托博克次子。康熙九年，襲都統。二十年，卒。
拉察布	古嚕長子。康熙二十年，襲都統。二十一年，卒。
烏巴什	托博克第三子。康熙二十一年，襲都統。三十五年，卒。
阿弼達	烏巴什長子。康熙三十五年，襲都統。三十六年，以罪削。
根敦	阿弼達長子。雍正元年，詔仍襲都統。乾隆七年，卒。
班達爾什	根敦長子。乾隆七年，襲都統。十九年，卒。都統停襲，改授三
賽音弼里克圖	班達爾什長子。乾隆二十年，襲三等男。二十六
賽音岳蘇圖	賽音弼里克圖從弟。乾隆二十六年，襲三等男。二十
噶勒臧	賽音岳蘇圖子。乾隆二十七年，襲。嘉慶十年，卒。
訥沁	噶勒臧之子。嘉慶十年，襲。道光十四年，卒。
吉朗阿	訥沁之子。道光十四年，襲。

居察哈爾之	
納噶察元太祖弟	一等輕車都尉。順治四年，授右翼都統。康熙九年，卒。
達克巴納噶察弟。	
巴勒濟達克巴弟。	
敏珠多爾濟	
丹津扎布敏珠	
蘊端丹津扎布子。嘉	
格楚克扎木	等男。
羅布桑索特	年，卒。
	七年，卒。

和碩特輔國公。

哈巴圖哈薩爾之裔。初爲和碩特台吉。乾隆十九年，歸順，封輔國公。二十一年，晉固

乾隆二十一年，襲輔國公。尋卒。

乾隆二十一年，襲輔國公。四十八年，詔世襲罔替。嘉慶二年，卒。

巴勒濟子。嘉慶二年，襲。十七年，卒。

多爾濟子。嘉慶十七年，襲。二十五年，以事削。

慶二十五年，襲。

蘇 蘊端子。同治元年，襲。

巴 光緒二十九年，襲。

居察哈爾之和碩特輔國公。	
色布騰貝子納噶察從祖。初爲和碩特台吉。乾隆二十	山貝子。尋卒。
達什喇布坦色布騰長子。乾隆四十九年，襲輔國	
桑魯布多爾濟達什喇布坦子。嘉慶十九年，襲。	
達里扎布桑魯布多爾濟子。同治十一年，襲。	
齊旺哩克精達里扎布子。同治十三年，襲。	

居察哈爾	
特默齊貝子	年，歸順，封輔國公。四十八年，詔世襲罔替。四十九年，卒。
達什沙木	公。嘉慶十九年，卒。
翰克伯羅	
布爾尼巴	
瑪爾津沁	
阿喇布齊	
貢楚克多	

之和碩特扎薩克一等台吉。

納噶察從弟。初爲和碩特台吉。乾隆十九年，歸順。二十年，授扎薩克一等台吉。四十

丕勒特默齊長子。乾隆五十七年，襲扎薩克一等台吉。

特達什沙木丕勒子。道光六年，襲。二十八年，卒。

達爾鞥克伯羅特子。道光二十八年，襲。

布布爾尼巴達爾子。咸豐八年，襲。

瑪爾津沁布子。光緒十年，襲。

爾濟宣統元年，襲。

	居黑龍江之厄魯特輔國
八年，詔世襲罔替。五十七年，卒。	巴桑 初爲準噶爾台吉。乾隆二十年，歸順，
	色稜德濟特 巴桑長子。乾隆二十
	呢瑪咱木布 色稜德濟特長子。乾
	烏爾圖那遜 呢瑪咱木布嗣子。道
	巴克默特多爾濟 烏爾圖那
	巴勒吉呢瑪 光緒三十一年，襲。

居黑龍江之	公。
阿卜達什 初爲	封輔國公。二十六年，卒。
德勒格爾 阿卜	六年，襲輔國公。四十八年，詔世襲罔替。五十五年，卒。
鄂齊爾 德勒格爾	隆五十五年，襲輔國公。
托克托瑚 嘉慶	光六年，襲。
茂訥海 托克托瑚	遜孫。同治二年，襲。

居	厄魯特扎薩克一等台吉。
禡	準噶爾台吉。乾隆十九年，歸順，授扎薩克一等台吉。二十六年，卒。
扎	達什長子。乾隆二十六年，襲扎薩克一等台吉。四十八年，卒。
捫	長子。乾隆四十八年，襲扎薩克一等台吉。是年，詔世襲罔替。嘉慶七年，卒。
托	七年，襲。道光十五年，卒。
車	繼子。道光十五年，襲。二十四年，削襲。
斂	
車	

科布多之扎哈沁	三等信勇公。
木特	初爲準噶爾宰桑。乾隆十九年，大軍獲之，授內大臣。二十年，從征達瓦齊，
木禪	瑪木特孫。乾隆二十一年，襲三等信勇公。四十年，卒。
圖什	扎木禪長子。乾隆四十年，襲三等信勇公。四十九年，卒。
克多巴圖	捫圖什長子。乾隆四十九年，襲三等信勇公。道光三年，卒。
德布達什	托克多巴子。道光三年，襲。十九年，卒。
珠爾多爾濟	車德布達什子。道光十九年，襲。
林多爾濟	敏珠爾多爾濟子。光緒六年，襲。

	居新疆阿克蘇
封三等信勇公。尋為叛賊阿睦爾撒納所戕。	霍集斯初為圖爾璊阿
	哈第爾霍集斯第四子。
	科克色布庫哈第
	阿布都爾滿哈第
	邁瑪特愛仔斯
	邁瑪第敏邁瑪特愛
	哈的爾邁瑪第敏從子。

之回部

郡王品級多羅貝勒。

奇木伯克。乾隆二十三年，歸順，賜公品級。以軍功晉貝子品級。尋封固山貝子，賜貝

乾隆四十六年，襲郡王品級多羅貝勒。四十八年，詔出缺後遞降至公爵，世襲罔替。

爾子。道光十年，襲。十一年，革。

爾從子。道光十一年襲，並給予世襲罔替。十三年，卒。

阿布都爾滿之子。道光十四年，襲。二十二年，卒。

仔斯之子。道光二十二年，襲。同治二年正月，卒。

光緒十七年，襲。

居新疆和	
和什克乾隆	勒品級。二十四年，封多羅貝勒，賜郡王品級。四十六年，卒。
伊巴喇伊	道光十年，卒。
阿布都莫	
邁瑪特熱	
邁瑪特愛	
木沙邁瑪特愛	

闐之回部輔國公。
二十四年，歸順。二十五年，封輔國公。
木　和什克子。乾隆四十六年，襲。四十八年，詔世襲罔替。嘉慶七年，乞歸。十年，卒。
敏　伊巴喇伊木子。嘉慶十年襲，諭伊母居和闐，暫不必來京。道光八年，以張格爾
愛木沙　阿布都莫敏無嗣。道光八年十二月，以和什克次子艾孜嫡曾孫邁
里　邁瑪特熱愛木沙子。咸豐六年，襲。
里子。光緒二十三年，襲。

居京師之回部輔國公。定世襲三等台吉。	
額色尹葉爾羌回人。乾隆二十四年，歸順，封輔國	
喀沙和卓額色尹子。乾隆五十五年，襲輔國公。	
	反被脅削。
	瑪特熱愛木沙襲。

公。四十八年，奉旨額色尹之子准襲公爵，以後遞降襲三等台吉，世襲罔替。五十五

	居京師之回部輔國公。定世襲三等台吉。
年，卒。	圖爾都輔國公額色尹從子。乾隆二十四年，歸順，授扎薩克一等
	托克托圖爾都之子。乾隆四十四年，襲輔國公。四十八年，奉旨托

居	
禡	台吉。二十七年，晉輔國公。四十四年，卒。
巴	克托仍襲公爵，以後遞降襲三等台吉，世襲罔替。五十五年，卒。無嗣，停襲。

京師之回部		扎薩克一等台吉。定世襲二等台吉。
木	特	輔國公額色尹從子。乾隆二十四年，歸順，授扎薩克一等台吉。四十四年，
巴	克	禡木特長子。乾隆四十四年，降襲二等台吉。五十三年，詔世襲罔替。

居京師之回部一等台吉。定世襲二等台吉。	
哈什木　元太祖裔。世居吐魯番。乾隆二十四年，歸順。二十五年，授	卒。
阿布勒　哈什木長子。乾隆三十年，降襲二等台吉。五十三年，詔世	

	居京師之回部二等台吉。定世襲三等台
一等台吉。三十年，卒。	阿卜都爾璊葉爾羌回人。乾隆二十四年，大
襲罔替。	阿卜都呢咱爾阿卜都爾璊長子。乾隆三

居京師	吉。
帕爾薩	軍定葉爾羌，獲之以歸。二十五年，授二等台吉。三十七年，卒。
巴巴克	十七年，降襲三等台吉。五十三年，詔世襲罔替。

居新疆之庫車回部	多羅郡王。	
鄂對	庫車回人。乾隆二十年，歸順。二十三年，授散秩大臣，	替。五十五年，卒。
鄂斯璊	鄂對長子。乾隆二十四年，授三品職。三十四年，	
邁哈默特鄂三	鄂斯璊子。乾隆五十三年，襲散	
邁哈默特鄂對	邁哈默特鄂三子。道光四年，襲。	
伊薩克	邁哈默特鄂對子。道光六年，襲。八年，晉郡王。二	
愛瑪特	伊薩克子。道光二十二年，襲。同治三年五月，陣	
阿密特	愛瑪特子。光緒九年五月，襲。二十年十一月，卒。	
瑪木特	阿密特子。光緒二十一年九月，襲。三十四月，卒。	

晉內大臣。二十四年，賜公品級。以軍功封固山貝子，晉貝勒品級。四十三年，卒。以罪

授二等台吉。四十三年，襲貝勒品級。尋降散秩大臣。乾隆四十八年，詔世襲罔替。四

秩大臣，特恩兼襲固山貝子。

六年，革。

十二年，卒。

亡。

居新疆之烏什	
色提卜阿勒氏	追削。
邁默特阿卜都	十九年，封固山貝子。五十三年，卒。
邁瑪特阿散邁默	
邁瑪特愛默特	
邁瑪特愛薩邁瑪	
哈迪爾	
依不拉引	

回部

貝子品級輔國公。

烏什回人。乾隆二十年，歸順。二十一年，授四品職。二十三年，晉三品總管。二十五年，

拉色提卜阿勒氏長子。乾隆五十三年，襲貝子品級輔國公。

特阿卜都拉長子。嘉慶十年，襲貝子品級輔國公。

邁瑪特阿散弟。嘉慶二十五年，襲。道光二十三年，卒。

特愛默特子。道光二十三年，襲。

授二品散秩大臣。二十八年，賜公品級。二十九年，封輔國公。四十三年，賜貝子品級。

	居新疆拜城之回部輔國
五十三年，詔世襲罔替。尋卒。	噶岱默特 烏什回人。乾隆二十一年，
	阿卜都喇璊 噶岱默特長子。乾隆
	邁瑪第敏 阿卜都喇璊長子。乾隆四
	邁瑪特伊布拉賴穆 邁瑪
	木薩 邁瑪特伊布拉賴穆孫。道光八年十
	邁瑪塔哩普 木薩子。道光十八年，
	愛瑪特 邁瑪塔哩普子。咸豐九年，襲。

公。	居新疆之
歸順。二十三年，授三品。二十四年，賜公品級。四十年，卒。	薩里，烏什回人。
四十年，襲公品級。四十一年，卒。	海色木，薩里
十一年，襲公品級。四十八年，詔世襲罔替。嘉慶元年，卒。	愛里木，海色
第敏長子。嘉慶二年，襲。道光八年，以張格爾反，被脅，削。	阿布都瓦
二月，襲。十七年，卒。	
襲。咸豐口年，卒。	

烏什回部三等輕車都尉。

乾隆二十三年，歸順。二十四年，授五品職。二十七年，授三等輕車都尉。乾隆四十年，卒。

長子。乾隆四十年，襲三等輕車都尉。四十八年，詔世襲罔替。

木長子。嘉慶二十年，襲。

依特愛里木長子。道光二十年，襲。

清史稿卷二百十二

表五十二

交聘年表一 中國遣駐使

交聘之典，春秋爲盛。南北史本紀書交聘頗詳。其時中土分裂，與列國之敵體相交，無以異也。宋與遼、金，歲賀正旦、賀生辰外，有泛使，今謂之專使。然皆事畢即行，不常駐。金史始有盟聘表。清有中夏，沿元、明制，視海內外莫與爲對。凡俄、英之來聘者，國史皆書曰「來貢」。洎道光庚子訂約，始與敵體相等。咸豐庚申之役，肇衅非一，而遣使駐京，未允實行者，亦一大端。自是而後，有約各國率遣使駐京。同治中，志剛、孫家穀之出，是爲中國遣專使之始。光緒建元，郭嵩燾、陳蘭彬諸人分使英、美，是爲中國遣駐使之始。其時以使俄者兼德、奥，使英者兼法、義、比，使美者兼日斯巴尼亞、秘魯，而日本無附近之國，則特置使。甲午以後，增置漸多，迄于宣統，俄、英、法、德、和、比、義、奥、日本皆特置使，日斯巴尼亞則改以法使兼，秘魯、墨西哥、古巴則以美使兼。韓國置使旋廢。有約之國，惟葡萄牙、瑞典、那威、丹馬諸國無駐使，有事則以就近駐使任之。國際交涉，大至和戰之重，細至節文之末，爲使者罔弗與聞，關國家休戚者固至重也。作交聘表。

光緒元年乙亥。是年，設出使駐

俄	
英	郭嵩燾 七月庚子，自兵部左侍郎
法	
美	陳蘭彬 十一月丙午，自郎中賞三
德	
瑞典那威	
丹	
和	
日	陳蘭彬
比	
義	
奧	
日本	
秘魯	陳蘭彬
朝鮮	
墨西哥	
古巴	

英國一人,副使一人;出使駐美、日、秘國一

派爲出使英國大臣。**許鈐身**自直隸候補道員爲副使。

四品京堂,爲出使美國、日斯巴尼亞國、秘魯國大臣。

人，副使一人。	光緒二年丙子。是年，設出
	郭嵩燾　許鈐身　八月辛丑，改使
	陳蘭彬
	陳蘭彬
	許鈐身　八月辛丑，自駐英副使改派爲出使
	陳蘭彬

使駐日本國一人，副使一人。

日本。

劉錫鴻 八月，自刑部員外郎以四品京堂候補，爲英國副使。

日本大臣。十二月戊子，罷。

何如璋 八月辛丑，自翰林院編修命以侍講

光緒三年	
郭嵩燾 正月	
陳蘭彬	
劉錫鴻 三月	
陳蘭彬	
何如璋	陞用，爲副使。十二月戊子，改爲正使。知府張斯桂爲副使。
陳蘭彬	

光緒四年		丁丑。是年，裁駐英副使。
崇厚	五月辛未，	
郭嵩燾	七月	甲寅，補頒爲駐紮英國辦理交涉事件大臣，遞國書。
郭嵩燾	二月	
陳蘭彬		
劉錫鴻	七月	癸酉，自出使英國副使派爲出使德國大臣，加二品頂戴。
陳蘭彬		
何如璋		
陳蘭彬		

戊寅。是年，設出使俄國一人，出使德國一
自署盛京將軍派爲出使俄國大臣，辦理交還伊犁及俄國修約事宜。
乙亥，召回。曾紀澤乙亥，自四五品京堂、一等毅勇侯爲出使英國、法國
辛未，命兼爲出使法國大臣。
乙亥，召回。李鳳苞自道員賞二品頂戴，令署出使德國大臣。

光緒五年乙卯	人，出使英國兼法國。
崇厚 十一月庚寅，崇厚以不候	
曾紀澤	大臣。
曾紀澤	
陳蘭彬	
李鳳苞 三月乙未，賞三品卿	
陳蘭彬	
何如璋	
陳蘭彬	

諭旨，擅自回京，嚴議。乙卯，革逮。
銜，以海關道記名，由署任改爲出使德國大臣。

光緒六年庚辰。
曾紀澤 正月辛未，自出
曾紀澤
曾紀澤
陳蘭彬
李鳳苞
陳蘭彬
何如璋 十一月乙丑，與
陳蘭彬

是年，出使英、法兼出使俄國。

使英、法大臣命兼爲出使俄國大臣，商辦交收伊犂及修約。

張斯桂同召同。

許景澄自翰林院編修以侍講升用，加二品，命爲出使

光緒七年辛巳。是年,出使德國大

曾紀澤

曾紀澤

曾紀澤

陳蘭彬 七月,召回。鄭藻如 五月,自津海關道賞三品

李鳳苞

李鳳苞 三月,兼爲出使義國、和國、奧國大臣。

陳蘭彬 任滿。鄭藻如

李鳳苞 三月,兼爲。

李鳳苞 三月,兼爲。

許景澄 三月,丁憂。黎庶昌 三月,自知府以道員補用, 日本大臣。

陳蘭彬 鄭藻如

臣兼出使義國、和國、奧國大臣。

卿銜，派爲出使美國、日斯巴尼亞國、秘魯國大臣。十二月，開本缺，以三品京堂候補。

予二品頂戴，命爲出使日本大臣。

光緒八年壬午	光緒九年癸未	光
曾紀澤	曾紀澤	曾
曾紀澤	曾紀澤	曾
曾紀澤	曾紀澤	曾
鄭藻如	鄭藻如	鄭
李鳳苞	李鳳苞二月，命再留一年。	李
李鳳苞	李鳳苞	李
鄭藻如	鄭藻如	鄭
李鳳苞	李鳳苞	李
李鳳苞	李鳳苞	李
黎庶昌	黎庶昌	黎
鄭藻如	鄭藻如	鄭

緒十年甲申。是年，以德國使臣兼法、義、奧。
紀澤
紀澤　四月，停兼為法使。　李鳳苞　四月署。
紀澤　四月，停兼為法使。　許景澄　四月戊子，為出使法國、德國、義國、奧
藻如
鳳苞　四月，命兼署出使法國大臣。　許景澄
鳳苞　許景澄
藻如
鳳苞　許景澄
鳳苞　許景澄
庶昌　八月，丁憂。　徐承祖　八月，自候補知府予二品頂戴，為出使日本大
藻如

	光緒十一年乙酉。是
	曾紀澤六月十六，召回。劉瑞
	曾紀澤六月，召回。
國大臣。李鳳苞四月，兼署。	許景澄
	鄭藻如六月，病免。張蔭桓
	許景澄
	許景澄
	鄭藻如六月，病免。張蔭桓
	許景澄六月，兼爲出使比國大臣。
	許景澄
	許景澄
臣。	徐承祖
	鄭藻如六月，病免。張蔭桓

之回部三等台吉。
輔國公額色尹弟。乾隆二十四年，歸順。二十五年，授三等台吉。五十三年，詔世襲罔
和卓帕爾薩子。乾隆五十五年，襲三等台吉。

年，以出使法、德等國大臣兼使比國。
芬六月，自江西布政使為出使英國、俄國大臣。十月辛未，開本缺，以三品京堂候
六月，自三品卿銜直隸大順廣道為出使美國、日斯巴尼亞國、秘魯國出使大臣。
六月，命。
六月，命。

	光緒十二年丙戌	光緒十三年丁
補。	劉瑞芬	劉瑞芬四月癸未，定出
	劉瑞芬	劉瑞芬四月癸未，定出
	許景澄	許景澄五月，召回。劉
	張蔭桓	張蔭桓
	許景澄	許景澄五月，召回。洪
	許景澄	許景澄五月，召回。洪
	張蔭桓	張蔭桓
	許景澄	許景澄 劉瑞
	許景澄	許景澄 劉瑞
	許景澄	許景澄 洪鈞
	徐承祖	徐承祖五月，召回。李
	張蔭桓	張蔭桓

亥
使俄國大臣兼爲駐德使臣，以奧、和兩國附之。洪鈞五月丁巳，自前內閣
使英國大臣兼爲駐法使臣，以義、比兩國附之。五月丁巳，瑞芬改爲出使英、法、
瑞芬
鈞
鈞
芬
芬
興銳五月丁巳，自直隸候補道賞二品頂戴，爲出使日本大臣。七月庚申，

光緒十	
洪鈞	學士派爲出使俄、德、奧、和大臣。
劉瑞芬	義、比大臣。
劉瑞芬	
張蔭桓	
洪鈞	
洪鈞	
張蔭桓	
劉瑞芬	
劉瑞芬	
洪鈞	
黎庶昌	病免。黎庶昌七月庚申，自記名道爲出使日本大臣。
張蔭桓	

四年戊子	光緒十五年己丑
	洪鈞
	劉瑞芬三月，召回。陳欽銘三月丙午，自江
	劉瑞芬三月，召回。陳欽銘三月，命。四月，
	張蔭桓三月，召回。崔國因三月丙午，自翰
	洪鈞
	洪鈞
	張蔭桓三月，召回。崔國因三月，命。
	劉瑞芬三月，召回。陳欽銘三月，命。四月，
	劉瑞芬三月，召回。陳欽銘三月，命。四月，
	洪鈞
	黎庶昌
	張蔭桓三月，召回。崔國因三月，命。

蘇按察使派爲出使英、法、義、比大臣。四月戊寅，病免。薛福成四月辛卯，自湖

免。薛福成四月，命。

林院侍讀賞二品頂戴，爲出使美、日、秘魯大臣。

免。薛福成四月，命。

免。薛福成四月，命。

光緒十六年	
洪鈞 七月，召回。 許	
薛福成	南按察使以三品京堂候補，充出使英、法、義、比大臣。
薛福成	
崔國因	
許景澄	
許景澄	
崔國因	
薛福成	
薛福成	
許景澄	
黎庶昌 李	
崔國因	

庚寅	光緒
景澄 七月癸巳，自候補翰林院侍讀爲出使俄、德、奧、和大臣。	許景
	薛福
	薛福
	崔國
	許景
	許景
	崔國
	薛福
	薛福
	許景
經方 七月癸巳，自江蘇候補道爲出使日本大臣。	李經
	崔國

光緒十	十七年辛卯
許景澄	澄
薛福成	成
薛福成	成
崔國因	因
許景澄	澄
許景澄	澄
崔國因	因
薛福成	成
薛福成	成
許景澄	澄
汪鳳藻	方六月，給假。汪鳳藻六月二十四署，出使日本大臣。
崔國因	因

八年壬辰

任滿。楊儒十二月，自徽寧池太道以四品京堂候補，爲出使美、日、秘大臣。

任滿。楊儒十二月，命。

三月，回國。李經方三月，回任。六月，丁憂。汪鳳藻六月十六，自翰林院

任滿。楊儒十二月，命。

光緒十九年癸巳	
許景澄	
薛福成任滿。龔照瑗十月	
薛福成	
楊儒	
許景澄	
許景澄	
楊儒	
薛福成	
薛福成	
許景澄	
汪鳳藻	編修賞二品頂戴，爲出使日本大臣。
楊儒	

光	
許	
龔	壬子，自四川布政使賞侍郎銜，以四品京堂候補，爲出使英、法、義、比大臣。
龔	
楊	
許	
許	
楊	
龔	
龔	
許	
汪	
楊	

緒二十年甲午	光緒二十一年乙未。是
景澄	許景澄
照瑗	龔照瑗
照瑗	慶常八月丙戌，自工部郎中賞三品卿銜，
儒	楊儒
景澄	許景澄
景澄	許景澄
儒	楊儒
照瑗	龔照瑗
照瑗	龔照瑗
景澄	許景澄
鳳藻回國。	裕庚五月戊午，自惠潮嘉道以四品京堂
儒	楊儒

光緒	年六月丁丑,專設出使法國大臣。
許景	
龔照	
慶常	以五品京堂候補,爲出使法國大臣。
楊儒	
許景	
許景	
楊儒	
龔照	
龔照	
許景	
裕庚	候補,爲出使日本大臣。
楊儒	

二十二年丙申
澄任滿。楊儒十月辛巳，調爲出使俄、奧、和大臣。
瑗任滿。羅豐祿十月辛巳，自記名海關道賞四品卿銜，爲出使英、義、比大
調俄。伍廷芳十月，自候補道賞四品卿銜，爲出使美、日、秘魯國大臣。
澄十一月丁巳，自工部侍郎爲專使德國大臣。
澄　楊儒
伍廷芳
瑗　羅豐祿
瑗　羅豐祿
澄　楊儒
伍廷芳

	光緒二十三年丁酉
	楊儒
臣。	羅豐祿
	慶常
	伍廷芳
	許景澄召回。呂海寰五月壬子，自常鎮通海道以四品京
	呂海寰
	伍廷芳
	羅豐祿
	羅豐祿
	楊儒
	裕庚
	伍廷芳

光緒二十四年戊戌。是年,	
楊儒	
羅豐祿	
慶常	
伍廷芳	
呂海寰	堂爲出使德國、和國大臣。
呂海寰	
伍廷芳	
羅豐祿	
羅豐祿	
楊儒	
裕庚任滿。黃遵憲六月丙午,自二品銜	
伍廷芳	
徐壽朋六月戊申,自安徽按察使以三品京	

設出使朝鮮大臣。

湖南鹽法道以三品京堂候補，爲出使日本大臣，未任。甲申，李盛鐸自江

堂候補，爲出使朝鮮大臣。丙午，先命張亨嘉不拜。

光緒二十	
楊儒	
羅豐祿	
慶常任滿。裕	
伍廷芳	
呂海寰	
呂海寰	
伍廷芳	
羅豐祿	
羅豐祿	
楊儒	
李盛鐸	南道監察御史暫代。庚申，賞三品銜，以四品京堂候補。
伍廷芳	
徐壽朋	

五年己亥	光緒二十六庚子	光
	楊儒	楊
	羅豐祿	羅
庚五月，爲出使法國大臣。	裕庚	裕
	伍廷芳	伍
	呂海寰	呂
	呂海寰	呂
	伍廷芳	伍
	羅豐祿	羅
	羅豐祿	羅
	楊儒	楊
	李盛鐸	李
	伍廷芳	伍
	徐壽朋	徐

緒二十七年辛丑

儒

豐祿 十月，改使俄，未任。 張德彝 十月丙申，自記名道賞三品卿銜，爲

庚

廷芳

海寰 任滿。 蔭昌 六月丙申，自正白旗副都統爲出使德國、和國大臣。

海寰 蔭昌

廷芳

豐祿

豐祿

儒

盛鐸 任滿。 蔡鈞 五月癸未，自候補四品京堂前江蘇蘇松太道爲出使日

廷芳

壽朋 六月，遷。 許台身 六月丙申，自候補知府賞道員，加四品卿銜，爲

	光緒二十八年壬寅，專設
	楊儒卒。胡惟德六月丙申，自補用道
出使英國、義國、比國大臣。	張德彝
	裕庚任滿。孫寶琦六月丁酉，自候補五
	伍廷芳任滿。梁誠六月丙申，自記名簡
	蔭昌
	蔭昌
	伍廷芳 梁誠
	楊兆鋆四月，自候補道賞四品卿銜，爲出使
	許珏四月壬寅，自候選道賞四品卿銜，爲出使
	吳德章四月壬寅，自江蘇候補道賞四品卿
本大臣。	蔡鈞
	伍廷芳 梁誠
出使韓國大臣。	許台身

光緒二十	出使比、義、奧大臣。
胡惟德	賞四品卿銜，爲出使俄國大臣。
張德彝	
孫寶琦	品京堂爲出使法國大臣。
梁誠	放道加三品卿銜，爲出使美國、日斯巴尼亞、秘魯國大臣。
廕昌	
廕昌	
梁誠九月，解。	
楊兆鋆	比國大臣。
許珏	義國大臣。
吳德章回國。	銜，爲出使奧國大臣。
蔡鈞召回。楊	
梁誠	
許台身	
梁誠九月，兼出	

九年癸卯。是年，改以出使法國大臣兼出

孫寶琦 九月，定駐日使分館改歸法使兼理。

楊晟 十月乙亥，自候補道賞四品卿銜，爲出使奧國大臣。

楊樞 五月壬午，自候補四品京堂爲出使日本大臣。

使墨西哥國大臣。

光緒三十年甲	使日斯巴尼亞國大臣。
胡惟德	
張德彝	
孫寶琦	
梁誠	
廕昌任滿。十一月乙亥，仍	
廕昌	
孫寶琦	
楊兆鋆	
許珏	
楊晟	
楊樞	
梁誠	
許台身回國。曾廣	
梁誠	

辰	光緒三十
	胡惟德
	張德彝回國。
	孫寶琦回國。
	梁誠
命。	廕昌回國。楊
	廕昌回國。專設
	孫寶琦
	楊兆鋆回國。
	許珏回國。黃
	楊晟調德。李
	楊樞
	梁誠
銓十一月乙亥，自候補五品京堂爲出使韓國大臣。	曾廣銓撤駐
	梁誠

一年乙巳。是年，撤駐韓國出使大臣。	
汪大燮	八月癸丑，自外務部左參議爲出使英國大臣。丙寅，賞二品頂戴。
劉式訓	八月丙午，自候補四品京堂候補，爲出使法國、日斯巴尼亞
晟	八月壬戌，自使奧大臣調爲出使德國大臣。
出使和國大臣。陸徵祥	十月乙丑，爲出使和國大臣。
劉式訓	
李盛鐸	八月，爲出使比國大臣。是月先命周榮曜，至是改。
誥	八月壬戌，自江蘇候補道賞四品卿銜，爲出使義國大臣。
經邁	八月壬戌，自候補三品京堂爲出使奧國大臣。
韓公使。	

光緒三十二年丙午。是年十二月,	
胡惟德	
汪大燮	
劉式訓	國大臣。
梁誠	
楊晟	
陸徵祥	
劉式訓	
李盛鐸	
黃誥	
李經邁	
楊樞	
梁誠	
梁誠	

光緒三	定出使各國大臣爲二品實官。
胡惟德	
汪大燮	
劉式訓	
梁誠 回國。	
楊晟 回國。	
陸徵祥	
劉式訓	
李盛鐸	
黃誥	
李經邁	
楊樞 回國。	
梁誠 回國。	
梁誠	
梁敦彥	

十三年丁未。是年,增兼出使古巴。
回國。薩蔭圖八月乙亥,自濱江關道爲出使俄國大臣。
回國。李經方三月丙辰,自候補四品京堂爲出使英國大臣。
梁敦彥三月壬子,自直隸津海關道爲出使美國、墨西哥國、秘魯國、古巴國
孫寶琦三月壬寅,自署順天府尹爲出使德國大臣。
三月,改爲保和會專使。錢恂是月丙辰,爲出使和國大臣。
免。雷補同七月戊午,自外務部左參議爲出使奧國大臣。
李家駒六月壬戌,自學部右丞爲出使日本大臣。
梁敦彥未任。伍廷芳
梁敦彥未任。伍廷芳
未任。伍廷芳

大臣，仍留署外務部右侍郎。

伍廷芳

八月乙亥，自前刑部侍郎爲出使美、

光緒三十四年戊申	
薩蔭圖	
李經方	
劉式訓	
伍廷芳	墨西哥、秘魯等國大臣。
孫寶琦回國。廕昌九月，自陸軍部侍郎	
錢恂改義國。陸徵祥	
劉式訓	
李盛鐸	
黃誥回國。錢恂三月，自出使和國大臣調	
雷補同	
李家駒改派出使考查憲政大臣。胡惟	
伍廷芳	
伍廷芳	
伍廷芳	

	宣統元年己酉
	薩蔭圖
	李經方
	劉式訓
	伍廷芳回國。張蔭棠六月甲辰，
爲出使德國大臣。	廕昌
	陸徵祥
	劉式訓
	李盛鐸回國。楊樞二月，爲出使比
任出使義國大臣。	錢恂回國。吳宗濂六月甲辰，自署
	雷補同
德三月，爲出使日本大臣。	胡惟德
	伍廷芳　張蔭棠
	伍廷芳　張蔭棠
	伍廷芳　張蔭棠

宣統二	
薩蔭圖	
李經方	
劉式訓	
張蔭棠	自署外務部左丞爲出使美國、墨西哥國、秘魯國、古巴大臣。
廕昌二月,	
陸徵祥	
劉式訓	
楊樞病免,	國大臣。
吳宗濂	外務部左參議爲出使義國大臣。
雷補同	
胡惟德	
張蔭棠	
張蔭棠	
張蔭棠	

年
庚戌
回國。劉玉麟八月甲申，自外務部右丞爲出使英國大臣。
授陸軍部尚書，回國。是月乙酉，梁誠自內閣侍讀學士爲出使德國大臣。
回國。九月丁卯，李國杰自農工商部左丞爲出使比國大臣。
回國。七月乙丑，沈瑞麟自外務部參議上行走爲出奧國大臣。
四月乙丑，授外務部右侍郎，回國。是月辛卯，汪大燮自郵傳部侍郎爲出

宣統三年辛亥	
薩蔭圖 七月，授科布多參贊大臣，回國。陸徵祥	
劉玉麟	
劉式訓	
張蔭棠 九月，辭免。施肇基 是月戊辰，自署吉林	
梁誠	
陸徵祥 七月，調俄。劉鏡人 是月己卯，爲出使和	
劉式訓	
李國杰	
吳宗濂	
沈瑞麟	
汪大燮	使日本大臣。
張蔭棠 九月，辭免。施肇基	
張蔭棠 九月，辭免。施肇基	
張蔭棠 九月，辭免。施肇基	

是月己卯，自使和調任，加侍郎銜。

交涉使爲出使美國、墨西哥國、秘魯、古巴國大臣。

國大臣。

清史稿卷二百十三

表五十三

交聘年表二 各國遣駐使

	咸豐十一年辛酉
俄	把留捷克五月
英	卜魯斯是為
法	布爾布隆是
美	
德	
瑞那	
丹	
和	
日	
比	
義	
奥	
日本	
秘魯	
巴西	
葡	
剛果	
韓	
墨	

	同治元年壬戌
任。是為俄派駐使之始。	把留捷克
英派駐使之始。	卜魯斯
為法派駐使之始。	布爾布隆 哥
	蒲安臣
	列斐士

	同治二年癸亥
	把留捷克四月回國,格凌喀四
	卜魯斯
士耆署。	哥士耆二月回國,柏爾德密任。
	蒲安臣
	列斐士

同治三年甲	
倭良嘎哩	月署。倭良嘎哩四月任。
卜魯斯五月	
柏爾德密	
蒲安臣	
列斐士回國,	

同治四年	子
倭良嘎哩	
威妥瑪	回國,威妥瑪五月以參贊署。
柏爾德密	
蒲安臣四	
德登貢	德登貢十一月署。

同治	乙丑
倭良	
阿禮	阿禮國八月任。
伯洛	五月回國，伯洛內五月以參贊署。
蒲安	月回國，衛廉士四月以副使署。
德登	
金德	

五年丙寅
嘎哩
國
內
臣
貴
俄固斯德由訂約專使改派。是爲比利時

	同治六年丁卯
	倭良嘎哩
	阿禮國
	伯洛內　蘭盟四月任。
	蒲安臣　十月回國，衛廉士
	德登貢
派駐使之始。	金德　俄固斯德

同治七年戊辰	
倭良嘎哩	
阿禮國	
蘭盟九月回國，羅淑亞	
衛廉士卸署。勞文羅斯	十月以副使署。
德登貴	
克維度四月派。是爲日	
金德俄固斯德	

	同治八年己巳
	倭良嘎哩三月卸,
	阿禮國九月回國,
九月以參贊署。	羅淑亞
八月任。	勞文羅斯六月回
	德登貢
斯巴尼亞駐使之始。	克維度三月回國,
	金德俄固斯德
	費三多

	同治九年庚
布策三月署。	布策卿。倭良
傅磊斯九月以參贊署。	威妥瑪署。
	羅淑亞
國，衞廉士六月以副使署。	衞廉士卿，署。
	德登貴
由法使代。	羅淑亞卿，巴
	金德俄固斯
	費三多十月

午
嘎哩十月回任。
鏤斐迪任。
周德五月任，十月假歸。倭澤十月以參
德八月回國。
出京。

同治十年辛未	
倭良嘎哩	
威妥瑪 六月實授。	
羅淑亞	
鏤斐迪 二月赴朝鮮，衞廉士以副	
德登貴 安訥克 五月署。是年布	
倭澤 九月回國，白來㮾 九月任。	贊署。
費三多 二月回任。	
嘉理治 九月任，是爲奧派駐使之	

同治	
倭良	
威妥	
羅淑	
鏤斐	使暫代。鏤斐迪八月回京。
安訥	魯斯改爲德意志。
白來	
費三	
嘉理	始。按奥使兼日本、暹羅,向駐東京。
副島	

十一年壬申

嘎哩

瑪代，旋回京。

亞卸署，熱福理任。

迪

克卸署，李福斯署。

辣七月任，九月病歸。丁美霞十月署。

多

治

種臣五月任，閏六月回國，由俄使代辦。是

爲日本派駐使之始。

同治十二年癸酉

倭良嘎哩二月回

威妥瑪

熱福理

鏤斐迪閏六月回

李福斯三月回國。

費果蓀四月由滬

丁美霞

謝惠施四月任。

費三多

嘉理治

同治十	
凱陽德	國，凱陽德二月以副使署。
威妥瑪	
熱福理	
衛廉士	國，衛廉士閏六月以副使署。
和立本	和立本任。
拉斯勒	
費果蓀	抵京，任。是爲和蘭派駐使之始。
丁美霞	
謝惠施	
費三多	
嘉理治	
柳原前	

三年甲戌

卸,布策正月任。

九月回國,羅淑亞九月以參贊署。

卸署,艾忭敏九月任。

福十月任,寓俄使署。是爲丹派駐使之

四月派任。

九月由國回任。

光五月任,十月回國。鄭永寧十月以書

	光緒元年乙亥
	布策
	威妥瑪
	羅淑亞
	艾忭敏十月卒。何天爵十月以
	和立本，卸巴蘭德任。
始。	拉斯勒福五月赴日本，俄使布
	費果蓀
	丁美霞　法樂德四月任，九月
	謝惠施
	費三多
	嘉理治四月回國。史福禮八月
記官署。	森有禮十二月任。
	愛勒謨是年任。是爲秘魯派駐

參贊署。

策代辦。十月回國，由布策兼攝。

回國。賈思理九月暫署。赫海達十月特派署。

任。

使之始。

光緒	二年丙子
布策	
威妥瑪	九月因事回國，傅磊斯九月以
羅淑亞	五月卸，赫捷德五月以參贊署。
西華	正月任。
巴蘭德	
費果蓀	
白訥託	
謝惠施	
費三多	
史福禮	
森有禮	四月回國，鄭永寧四月以書記
愛勒謹闓	五月因事回國，由美使西華

	光緒三年丁丑
	布策
參贊署。	傅磊斯
白羅呢七月任。	白羅呢
	西華
	巴蘭德
	費果蓀
	伊巴里任。十月赴暹羅,
	謝惠施
	費三多卸,博海德任。
	史福禮四月卸,由德使
官署。	鄭永寧八月卸,森有禮
暫代。	西華

	光緒四年戊寅
	布策二月假回國,
	傅磊斯
	白羅呢
	西華五月假回國,
	巴蘭德
	費果蓀
由德使巴蘭德暫代。	伊巴里六月由暹
	謝惠施五月假回
	博海德
巴蘭德暫代。	巴蘭德是年仍代。
八月回任。	森有禮三月卸,鄭
	西華七月卸,愛勤

	光緒五年己卯
凱陽德以副使署。	凱陽德
	傅磊斯五月,卸
	白羅呢閏三月
何天爵五月以參贊署。	何天爵五月,卸
	巴蘭德
	費果蓀
羅回任。	伊巴里三月回
國,謝武伯五月署。	謝武伯八月更
	盧嘎閏三月任。
	何福爾九月任。
永寧三月以書記官署。	竇戶機閏三月
譚七月回任。	愛勒謨

光	
凱	
威	威妥瑪五月由國回任。
巴	卸,巴特納閏三月以參贊署。
西	西華五月由國回任。
巴	
費	
倭	國,倭澤三月以參贊署。
謝	名謝惠施。
盧	義使向兼使日本,專派駐京自是始。
何	十月回國。
賓	任。

光	緒六年庚辰
布	陽德
威	妥瑪
寶	特納卸，寶海五月任。
安	華卸，安吉立七月任。
巴	蘭德
費	果蓀
羅	澤卸。伊巴里四月由國回任，九月卒。
諾	惠施
盧	嘎
何	福爾
賓	斥機

緒七年辛巳	光緒八年
策	布策九月
妥瑪	威妥瑪七
海	寶海
吉立八月卸，何天爵八月署。	何天爵
蘭德	巴蘭德
果蓀	費果蓀
德理六月任。	羅德理
丹福四月任。	諾丹福
嘎	盧嘎
福爾	何福爾七
戶機	賓戶機卸

壬午	光緒九年
卿，韋貝九月以天津領事署。	博白傅九
月卿，格維訥七月以參贊署。	格維訥卿，
	寶海四月
楊約翰七月任。	楊約翰
	巴蘭德二
	費果蓀
	羅德理二
	諾丹福
	盧嘎二月
月卿，由德使巴蘭德暫代。	薩魯斯齊
任，榎本武揚九月任。	榎本武揚

癸未
月任。
巴夏禮八月任。
卸,謝滿祿四月以參贊署。德理固六月
月病回國,譚敦邦二月以參贊署。
月病回國,吳禮巴二月以參贊署。
假回國,由德使譚敦邦暫代。
十一月假回國,吉田二郎十一月以書

	光緒十年甲申
	博白傅
	巴夏禮
任。	德理固　巴特納閏五月任。
	楊約翰
	巴蘭德
	費果蓀
	吳禮巴　薩時鐸閏五月任。
	諸丹福正月卸，米師麗正月以
	盧嘎四月由國回任，更名盧嘉
	薩魯斯齊
記官署。	榎本武揚七月由國回任。

	光緒十一年乙酉
	博白傅
	巴夏禮二月卒。格維訥二月以
	巴特納九月卸，戈可當任。
	揚約翰二月卸，石米德二月署。
	巴蘭德
	費果蓀二月病回國。
	薩時鐸
參贊署。	米師麗卸，維禮用四月任。
德。	盧嘉德
	薩魯斯齊
	榎本武揚八月卸，品田允則八

	光緒十二年丙戌
	博白傅二月卸。拉德仁二
參贊署。	格維訥卸,華爾身五月任。
	戈可當五月卸,愷自邇五
田貝八月任。	田貝
	巴蘭德
	費果蓀
	薩時鐸三月卸,鄂尼思三
	維禮用
	盧嘉德二月病回,國蘭家
	薩魯斯齊
月署。	品田允則卸,鹽田三郎三

光緒十三	
庫滿	月以參贊署。庫滿十月任。
華爾身	
恭思當七	月任。恭思當八月任。
田貝	
巴蘭德	
費果蓀	
羅德理	月以參贊署。羅德理六月任。
維禮用四	
蘭家麗,卿	麗二月署。
薩魯斯齊	
鹽田三郎	月任。

年丁亥

月卸,蘇阿爾七月署。李梅十月任。

月假回國。

盧嘉德三月由國回任。

閏三月假回國,以參贊梶山鼎介代辦,十

	光緒十四年戊子	光緒十五年
	庫滿	庫滿
	華爾身	華爾身
	李梅	李梅
	田貝	田貝
	巴蘭德	巴蘭德三月
	費果蓀	費果蓀八月
	羅德理	羅德理三月
	維禮用	維禮用
	盧嘉德	盧嘉德三月
	薩魯斯齊	薩魯斯齊
月回任。	鹽田三郎	鹽田三郎四

己丑

假回國。

假回國，來因八月任。

卸，鄂尼思四月以參贊署，九月卒。羅鄰

卒。賈雅第四月署。

月卒。大島圭介五月任。

光	
庫	
華	
李	
田	
巴	
費	
吳	德九月以參贊吳署。禮巴十二月署。
維	
潘	
薩	
大	

緒十六年庚寅

滿閏二月病回國,闔雷明閏二月以參

爾身

梅八月回國,林春八月署。

貝

蘭德

果蓀七月由國回任。

禮巴

禮用八月卸,米師麗八月署。

薩三月任。

魯斯齊

島圭介

光緒十七年辛卯	
閣雷明　喀希尼九月任。	贊署。
華爾身	
李梅九月由國回任。	
田貝	
巴蘭德	
費果蓀	
吳禮巴五月奉調，阿嶽樂六月署。	
米師麗　陸彌業六月署。	
潘薩	
畢格哩本八月任。	
大島圭介	

光緒十八年壬辰

喀希尼

華爾身八月卸,歐格訥十月任。

李梅

田貝

巴蘭德

費果蓀

德拉拔六月任。

陸彌業二月實授,九月假回國。米師麗

潘薩

畢格哩本六月假回國,古典和福六月

大鳥圭介

光緒十九年癸巳	
喀希尼	
歐格訥	
李梅	
田貝	
巴蘭德二月卸,師特恩	
費果蓀	
德拉拔	
陸彌業十月由國回任。	九月以參贊署。
潘薩二月卸,嘎釐納二	
畢格哩本五月由國回	以參贊署。
大島圭介四月卸,橋口	

博二月以參贊署。紳珂五月任。

月以參贊署。

任，十月仍回國。古典和福十月以參贊

直古衛門四月以參贊署。小村壽太郎

	光緒二十年甲午
	喀希尼
	歐格訥
	李梅二月卸，施阿蘭二月任。
	田貝
	紳珂
	費果蓀十一月假回國，由德使
	德拉拔六月卸，梁威理六月以
	陸彌業
	嘎釐納卸，巴爾迪四月任。
署。	古典和福
十月署。	小村壽太郎七月回國。

	光緒二十一年乙未
	喀希尼
	歐格訥卸任，竇訥樂任。
	施阿蘭
	田貝
	紳珂
紳珂暫代。	克羅伯九月任。
參贊署。	葛羅幹八月任。
	陸彌業
	巴爾迪
	比田布祿古
	林董閏五月以和議成，復派

	光緒二十二年丙申
	喀希尼八月卸，巴布羅福八月
	竇訥樂
	施阿蘭
	田貝
	紳珂五月卸，貝威士五月以參
	克羅伯正月假回國，由德使暫
	葛羅幹十月假回國，瑟理威十
	陸彌業三月假回國，尋卒。米師
	巴爾迪九月卸，威達雷九月以
	訥色恩十月派署。
駐使任。	林董九月卸，內田康哉九月以

光緒二	
巴布羅	以參贊署。
寶訥樂	
施阿蘭	
田貝	
海靖	贊署。海靖七月任。
柏固八	
克羅伯	代，十月回任。
葛羅幹	一月以參贊署。
費葛	麗三月以參贊署。費葛八月任。
威達雷	參贊署。
羅士恆	
內田康	參贊署。

十三年丁酉	光緒二十四年
福	巴布羅福　格
	賓訥樂
六月回國，呂班六月署。	呂班　畢盛三
	田貝卸，康格五
	海靖
月，任兼使日本。	柏固
	克羅伯
	葛羅幹
	費葛
薩爾瓦署。	薩爾瓦　馬迪
署。齊幹三月任。	齊幹
哉　矢野文雄五月任。	矢野文雄

戊戌	光緒二十五年己亥
爾思十月任。	格爾思
	賫訥樂
月任。	畢盛
月任。	康格
	海靖四月回國，貝威士四
	克羅伯
	葛羅幹
	費葛三月回國，賈爾牒三
訥八月任。	馬迪訥二月回國，英使賫
	齊幹
	矢野文雄十月回國，西德

光緒二十六	
格爾思	
竇訥樂	
畢盛	
康格	
克林德五月	月署。克林德任。
克羅伯	
葛羅幹	
姚士登四月	月署。
薩爾瓦	訥樂暫代。薩爾瓦六月任。
齊幹	
西德二郎十	二郎十月任。

光緒	年庚子
格爾	
賚納	
鮑渥	
康格	
穆默	被戕。
克羅	
葛羅	
姚士	任。
薩爾	
齊幹	
小村	一月回國,小村壽太郎十一月任。

光	二十七年辛丑
雷	思八月回國。雷薩爾八月任。
薩	樂調日本,薩道義任。
鮑	
康	
穆	任。九月假出京,葛爾士九月署。
克	伯
葛	幹
姚	登
羅	瓦八月回國,羅瑪訥八月署。
齊	
內	壽太郎十月回國,內田康哉十月任。
白	
朴	

光緒二十八年壬寅
雷薩爾
薩道義十一月假歸,壽訥里十一月署。
呂渥五月回國,賈斯訥五月署。
康格
穆默回任。
希羅伯回國,羅敦署。
賈羅幹回國,賈思理署。
姚士登
嘎瑪訥二月卸,嘎釐訥二月任。
齊幹
內田康哉
白朗穀
朴齊純十月任。是爲韓派駐使之始。

緒二十九年癸卯	光緒三十
薩爾	雷薩爾
道義回任。	薩道義
班	呂班
格	康格
默	穆默
特斯九月任。	希特斯
思理	賈思理
士登	姚士登
藹訥 巴樂禮十一月任。	巴樂禮
幹	齊幹
田康哉	內田康哉
朗穀	白朗穀
齊純十二月回國,朴台榮署。	朴台榮卸,

年甲辰	光緒三十一
	雷薩爾三月
	薩道義
	呂班
	康格四月回
	穆默
	希特斯
	賈思理
六月回國，葛飛業六月任。	葛飛業
	巴樂禮
	齊幹
	內田康哉
	白朗穀 阿
閔泳喆二月任。	閔泳喆
	胡爾達五月

年乙巳	光緒三十二年丙午
卒。璞科第五月任。	璞科第
	薩道義回國，朱邇典
	呂班回國，巴思德五
國，柔克義五月任。	柔克義
	穆默三月回國，葛爾
	希特斯
	賈思理
	博賚爾正月署。柯霓
	巴樂禮
	齊幹 訥巴恩正月
	內田康哉回國，林權
梅達署。	白朗穀 阿梅達
任護理駐使。	胡爾達

	光緒三十三年丁未
	璞科第
十月任。	朱邇典
月任。	呂班
	柔克義
士署。雷克司十月任。	雷克司
	希特斯
	賈思理
雅九月任。	葛飛業
	巴樂禮
署。	齊幹
助六月任。	林權助
	白朗穀
	胡爾達

光緒三十四年戊申
璞科第　廓索維慈八月任。
朱邇典
呂班十一月回國。
柔克義
雷克司
倭倫白
希特斯
賈思理
葛飛業
巴樂禮　文吉二月任。
顧覲斯基正月任。
林權助五月回國，伊集院彥吉五月任。
白朗穀
胡爾達

宣統元年己酉	宣統二年庚戌
廓索維慈	廓索維慈
朱邇典	朱邇典
潘蓀納署。	潘蓀納
柔克義	柔克義回國，嘉樂恆七
雷克司	雷克司
倭倫白	倭倫白
貝拉斯	貝拉斯
賈思理	賈思理
柯霓雅	柯霓雅卸，博賚爾六月
文吉	文吉
顧觀斯基	顧觀斯基
伊集院彥吉	伊集院彥吉
柏德羅	柏德羅
胡爾達	胡爾達 巴哲格

宣統三年辛亥	
廓索維慈	
朱邇典	
潘蓀納	
嘉樂恆	月任。
雷克斯	
貝拉斯	
賈思理	
賈思牒	署。賈思牒九月任。
斯弗爾絜六月任。	
顧覲斯基	
伊集院彥吉	
柏德羅	
巴哲格	